近代名人文库精粹

文库精粹

李鸿章　胡林翼　张之洞

李鸿章　胡林翼　张之洞⊙著

陕西新华出版
太白文艺出版社·西安

图书在版编目（CIP）数据

近代名人文库精粹．李鸿章 胡林翼 张之洞／刘东主编；（清）李鸿章，（清）胡林翼，（清）张之洞著．——西安：太白文艺出版社，2017.10（2024.5重印）
ISBN 978-7-5513-1116-8

Ⅰ．①近… Ⅱ．①刘… ②李… ③胡… ④张… Ⅲ．①李鸿章（1823—1901）—文集②胡林翼（1812—1861）—文集③张之洞（1837—1909）—文集 Ⅳ．①Z425

中国版本图书馆CIP数据核字（2017）第237419号

近代名人文库精粹：李鸿章　胡林翼　张之洞
JINDAI MINGREN WENKU JINGCUI：LI HONGZHANG　HU LINYI　ZHANG ZHIDONG

著　　者	李鸿章　胡林翼　张之洞
主　　编	刘　东
责任编辑	荆红娟　姚亚丽
封面设计	揽胜视觉
版式设计	刘兴福
出版发行	太白文艺出版社
经　　销	新华书店
印　　刷	三河市嵩川印刷有限公司
开　　本	700mm×960mm　1/16
字　　数	185千字
印　　张	12
版　　次	2017年10月第1版
印　　次	2024年5月第2次印刷
书　　号	ISBN 978-7-5513-1116-8
定　　价	46.80元

版权所有　翻印必究
如有印装质量问题，可寄出版社印制部调换
联系电话：029-81206800
出版社地址：西安市曲江新区登高路1388号（邮编：710061）
营销中心电话：029-87277748　029-87217872

目录 Contents

李鸿章

家书篇

禀父母 ·· 3

致三弟 ·· 4

谕侄 ··· 5

禀姑母 ·· 6

致弟 ··· 7

致弟 ··· 8

致瀚章兄 ··· 9

致三弟 ·· 10

禀父 ··· 11

致三弟 ·· 12

致三弟 ·· 13

致弟 ··· 14

谕侄 ··· 15

致弟	16
致鹤章弟	17
致鹤章弟	18
谕文儿	20
谕玉侄	21
禀母	22
禀母	23
寄弟	24
禀母	25
禀母	26
寄弟	27
致瀚章兄	28
致昭庆弟	29
致季弟	30
致鹤章弟	31
谕文儿	32
致鹤章	33
致四弟	34
寄瀚章	35
禀母	36
禀母	37
致季弟	38
禀母	39
禀母	40
寄四弟	41
谕玉侄	42
致瀚章兄	43

谕文儿	44
禀母亲	45
寄昭庆弟	46
禀母亲	47
寄昭庆弟	48
禀母亲	49
致昭庆弟	50
禀母亲	51
寄昭庆弟	52
致昭庆弟	53
致昭庆弟	54
禀母亲	55
禀母亲	56
致昭庆弟	57
禀母亲	58
禀母亲	59
致瀚章兄	60
禀母亲	61
致昭庆弟	62
致二叔	63
禀母亲	64
致镜蓉、琼芝及静芳	65
禀母亲	66
致鹤章	67
致瀚章	68
致鹤章弟	69
致瀚章兄	70

致四弟	71
予玉侄	73
致鹤章弟	75
致瀚章兄	77
致四弟	78
谕文儿	79
致鹤章弟	80
致鹤章弟	81
寄昭庆弟	82
致鹤章弟	83
致昭庆弟	85
致瀚章	87
禀母亲	88
禀母亲	89
致瀚章	90
致瀚章鹤章	91
禀母亲	92
禀母亲	93
禀母亲	94
致鹤章	95
致鹤章	96
致鹤章	97
致鹤章	98
禀母亲	99
示文儿	100
寄季弟	101
寄鹤章弟	103

友人同僚篇

致曾国荃 …………………………………………… 109
致潘鼎新 …………………………………………… 110
致曾国藩 …………………………………………… 111
复陈子奉观察 ……………………………………… 112
致友人书 …………………………………………… 113
上曾相 ……………………………………………… 114
致马新贻 …………………………………………… 115
复朱文香学使 ……………………………………… 116
复孙竹堂观察 ……………………………………… 117
上奏清廷折 ………………………………………… 118
复刘秉章 …………………………………………… 119
复黎庶昌 …………………………………………… 120
复袁世凯 …………………………………………… 121
致吴永 ……………………………………………… 122
致吴永 ……………………………………………… 123
致毛鸿宾 …………………………………………… 124
致毛鸿宾 …………………………………………… 125
致刘于浔 …………………………………………… 126
致何廉舫 …………………………………………… 127

咨文批札篇

李鸿章擢余思敏尽先补拔把总批札 ……………… 128
李鸿章擢余思敏以守备尽先选用批札 …………… 129
李鸿章擢余思敏以游击实用批札 ………………… 130

李鸿章命都司王本长停止领米批札 …… 131
李鸿章擢守备王本长以都司补用批札 …… 132
李鸿章致王本长以游击尽先补用札 …… 133
李鸿章擢王本长以参将补用并赏加副将衔批札 …… 134
李鸿章奉上谕王本长以副将留省补用札 …… 135
李鸿章擢谢魁元以都司赏加游击衔批札 …… 136
李鸿章奉上谕赏余思敏三品封典札 …… 137
李鸿章擢余思敏补用副将加总兵衔批札 …… 138

胡林翼

治兵语录选 …… 141

张之洞

诗 篇

俄国太子来游汉口飨燕晴川阁索诗索书即席奉赠 …… 147
希腊世子 …… 148
赠日本长冈护美 …… 149
学术 …… 150
送沈乙盫上节赴欧美两洲 …… 151
读白乐天"以心感人人心归"乐府句 …… 152

散 文

广济耆旧诗钞序 …… 153

传鲁堂诗集序 …………………………………………… 154
劝学篇序 ……………………………………………… 156
劝学篇（六篇）………………………………………… 159

奏　折

请催设香港领事折 …………………………………… 171
试铸银元片 …………………………………………… 174
创建广雅书院折 ……………………………………… 176
请办邮政片 …………………………………………… 179
进呈一统志并天文舆地各球图折 …………………… 181

李鸿章

作者简介

李鸿章（1823—1901）　字少荃，谥号文忠。安徽合肥人。清末军政重臣。1847年进士，改翰林院庶吉士，散馆授编修。1858年入曾国藩幕府。1861年，赴皖北募勇，镇压太平军。1860年与奕䜣、曾国藩、左宗棠等倡导洋务运动，先后创办了小型洋炮局、江南制造总局、金陵制造局。1870年，调任直隶总督兼北洋大臣，参与掌管清政府的外交、军事、经济大权，成为清朝统治集团中举足轻重的人物。1888年，建立了一支在当时世界位居第四的北洋舰队。外交事务上，主张妥协投降，先后代表清政府签订了丧权辱国的《烟台条约》《中法天津条约》《马关条约》《中俄密约》《辛丑条约》。1901年因病逝世。遗著辑为《李文忠公文集》。

家 书 篇

禀 父 母

不义之财，不取为是

  月之初八日，接诵手谕，命儿为官清正，毋作贪想，临事尤宜谨慎等。敢不遵命。当儿来此接篆之时，一般谋缺者纷来道贺，户为之穿。彼等有愿以巨金为儿寿，儿弗论财物。却面壁之。盖不义之财，不取为是也。

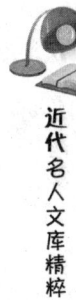

致 三 弟

读经之道贵以精

《朱子家训》内,有子孙虽愚,经书不可不读。兄意亦然。兄少时从徐明经游,常告读经之法:穷经必专一经,不可泛骛;读经以研寻义理为本,考据名物为末;读经有一"耐"字诀,一句不通,不看下句;今日不通,明日再读;今年不精,明年再读。此所谓耐也。弟亦不妨照此行之。经学之道,不患不精焉。

谕侄

读书之法，不以考试论得失

来信提及考试之事。想此书到侄时，侄未启行。特训侄数语：得失常事，不足虑，总以发愤读书为主。史宜日日看，不可间断；读经先穷一经，一经通后，再治他经。不可兼营并骛，一无所得。侄能听余言，毋论考试之得失，他日必能成一有用之人。

禀姑母

述为可荒废学业

表弟妹等在家，从何人游？高邮王怀祖先生，经学家也。昨接曾夫子来示云：怀祖先生，广启门庭，招收问业弟子。如表弟有意于此，可由侄具函遣至白门曾夫子幕内，转送高邮可也。表妹未便远游，须另设法。方不致失学。侄意姑母大人于家务之暇，授以闺门，训及女孝经之类。一俟稍有门径，再行企图，亦为未晚。侄在此身体尚安，弗劳遥念。

致 弟
论书法之道（一）

三弟笔性颇佳，习颜柳各体似太拘束，活泼之气不能现于纸上；最宜改习赵字，而参以北海之《云麾碑》，则大有可观。

致 弟
论书法之道（二）

三弟来函，既改习赵字。慰甚！惟以功夫太浅，不能深得其意，此天然之理，不足道。只须有恒，不必多写，多写则生厌，厌则无功。每日临赵松雪《道教碑》三页足矣。尚有一言以相告：临过之后，默思赵字之结构，以指书之，多看亦易进步。所临之字，不可废，至朔日齐集订成一册。以之比较，自有心得。

致瀚章兄

身心健康的"药方"——"涵吟"读书法

　　体气多病，得名人文集静心读之，亦足以养病。凡读书有难解者，不必遽求甚解。有一字不能记者，不必苦求强记。只须从容涵吟。今日看几篇，明日看几篇，久久自然有益。但于已阅过者，自作暗号，略批几字，否则历久忘其为已阅未阅矣。

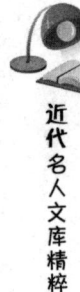

致 三 弟

文以气盛、读以畅快

　　余平生最喜读者，为韩愈《论佛骨表》，取气盛也。三弟可常常阅之。多阅数十篇，得神志。譬如饮食，但得一肴，适口充肠，正不求多品也。苏轼代张方午谏用兵书，言之非常痛快，余亦当读。

　　余弱冠时，曾填七律廿首以咏志，内有几句很是难忘，现抄于后，与弟共勉。

　　　　人生惟有青春好，世事须防白首催。
　　　　万里请缨终子少，千秋献策贾生推。

禀 父

述世代家教贵在读书

曾夫子近编《经史百家杂钞》一书。一曰著述门，内分三类：为论著类、词赋类、序跋类。二曰告语门，内分四类：诏令类、奏议类、书牍类、哀祭类。三曰记载门，内分四类：传志类、叙记类、典志类、杂记类。以上各类，凡经史之隽妙作品，包罗待尽。评者以曾公编此书，胆气颇大。今由儿校正。一俟工竣，当付版制印。诸弟等可手执一部，为书斋之消遣品可耳。

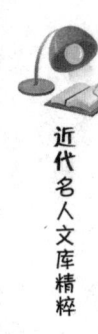

致 三 弟

劝 勤 俭

俭之一字，能定人之恒久。曾涤生夫子，训诸子弟曰："余兄弟无论在官在家，彼此当以俭字相勖，则可久矣。"此其明证也。

致 三 弟

述 修 足

予身体尚好。总以足爪太长，行路艰难。苦极！门下各人，推荐熟手扦脚者来此，终觉痛苦，每以不必下手，辞之去。署中，某晤面时，每谈扦脚术，因命代招之。及来即施其技，未觉痛。即酬以银二百两为买器具，并嘱其常住于此，不必再至浴堂谋生也。兄虽费二百两，而行旅自由，从此复萌。弟等必言兄之奢也。然终身之病，从此脱弃，即巨金亦不可谓为奢矣。

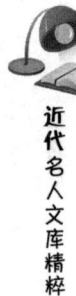

致 弟

述兄弟团结、耀祖光宗

曾夫子致其弟函曰：余蒙祖宗遗泽，祖父教训，幸得科名。内顾无所忧，外遇无不如意，一无所觖矣。所望者再得诸弟强立，同心一力。何患令名之不显？何患家运之不兴？余意与曾公之决正同。余与诸弟虽隔千里，盼望诸人之心，未尝或断。每间一月，乃作一函，训诸弟。未知诸弟对余意如何？

谕 侄
嘱读《史记》读贵专一

四弟来信云：侄近读《史记》，甚喜、甚喜！盖《史记》乃不可不看之书。尔既看《史记》，则断不可看他书。功课无一定呆法，但须专耳。余从前教诸弟，当限以功课，近来觉限人以课程，往往以所难。苟其不愿，虽日日遵照限程，亦复无益。故近来教弟，但有一专字耳。

致 弟

论为学之道：读贵持之以恒

为学之道，勿求外出，亦可成名。昔婺源王双鱼先生，家贫如洗，在三十岁之前，为窑工画碗；三十岁之后，读书训蒙到老，终身不应科举，著作逾百，为本朝杰出名儒。彼一生未拜师友，不出闾里。故余所望诸弟亦如是，惟不出恒之一字耳。

致鹤章弟

论"小学"之道

小学之道,非深用功夫,仅得其面目。来函弟今后研究小学,颇好!今以小学门径,略告我弟,俾易入手。小学约分三大宗:言字形者,以《说文》为宗,古书惟大小徐二本;至本朝而段氏特开生面,而钱坫、王筠、桂馥之作,亦可参观。言训诂者,以《尔雅》为宗,古书惟郭注邢疏;至本朝而邵二云之《尔雅正义》,王怀祖之《广雅疏证》,郝兰皋之《尔雅义疏》,皆称不朽之作。言音韵者,以唐韵为宗,古书惟《广韵集韵》,至本朝而顾氏《音学五书》,乃为不刊之典。而慎修、东原、茂堂、怀祖、异轩、晋三诸作,亦可参观。弟欲小学,钻研古义,则三宗如顾、江、段、邵、郝、王六家之书,均不可不涉猎而探讨之。则小学自可入门焉。

致鹤章弟

论书法技巧

羲、献父子书法，自唐初君相推崇，遂风行千古。唐代诸贤其孙曾，而赵宋诸贤以下，无非其裔礽也。顾世人徒占占于转展翻刻之诸丛帖中。袭取其面目，而不知探取本原。学古人之所学，故惜阴先生既述其逸事，而兄以经验述其途径，及方法，以授诸弟。羲之题《卫夫人笔阵图》后云："夫字，先须引入八分，章草入隶字中，发人意气。若直取俗字，则不能先发意气。"兄少时学卫夫人书，将谓大能；及北游名山，见李斯、曹喜等书；又之许下，见钟繇、梁鹄书；又之洛下，见蔡邕《石经三体》书；又于涤生夫子处，见张昶《华岳碑》，始知学卫夫人书，徒费年月耳！羲之于五十三岁时，改本师，手众碑学习，恐风烛奄及，聊遣教于子孙耳。又《笔势论》云："穷研篆籀，功省而易成。篆集精专，形彰而势显，存意学者，半载可见其功。"如吾弟笔性灵敏，旬月亦知其本。羲之《笔阵图》云："每书，欲十迟五急、十曲五直、十藏五出、十起五伏，方可谓书。若直点急牵急裹，此暂看似书，久味无力。仍须用笔着墨不过三分，不得深浸，毛弱无力。墨用松节研之，久久不动弥佳矣。直点急牵急裹，俗书类然。教者学者，或且以为能事，此宜切戒者也。其十迟五急云云。"首句极言运笔宜缓，万勿轻率，此最易解者也。十藏五出，则谓用笔务取中锋迎入，此必多习籀篆分隶乃悟。如世所传二王及欧褚诸家书法佳拓，其圆浑藏锋之笔，多从篆分得来。不习篆分者，每苦不得其门而入。今兄授诸弟，若从籀篆隶入手，再学欧虞诸家，神似不难。区区藏锋之法，何足为奇。其十起五伏之法，则必虚掌、圆腕、悬肩者能之。盖执笔法不讲，任令五指如猴狲爬树，手腕如乌龟上阶沿，恶能如矛发戈斫！盖执笔贵有力，而运笔贵灵活。果能使笔如优于技击者之用器，则方圆屈伸自无不神似矣！至十曲五直之法，向苦不得的解。盖世俗通行之正草隶篆无不绢光削滑，从未有凹凸作钱串形。见钟鼎、石鼓、石门诸拓本，乃恍然十曲五直者，直以笔著纸之后。竖则一左一右，屈曲则向左行去。横则一上一下，屈曲则向右行去，而笔满书中之义。亦悟！夫用此十曲五直之法以行笔，笔势不必凹凸如钱串形也。而笔量之沈厚，自与轻牵急裹者迥别。兄意用笔着墨不过三分，不可深浸毛弱之利病，兄以为不易之法，用长锋羊毫最妙。涤生夫子曰："写字，不熟则不速。不速则不能敏以图功。"吾弟其细察而仿行之。

谕 文 儿

论思想与文法

　　文儿来禀询文学，今为汝告：文字为思想之代表，思想为文字之基础，故二者之研练，相为表里者也。且夫思想为事实之母，今日学者所积之思想，他日皆将见诸事实者也。思想有不宜于事实者，则立身处世，安保无自误误人之虑？是以读文宜先读纪叙文字，作文亦宜先作纪叙文字，参以文家法律。而平日要宜随时留心事物之实际。如此循序奋进，虽愚必明、虽柔必强，可预决焉。读文之选择，既以真确为标准，则八股既行以后，不如八股未行以前。（更细别之：道咸以前尚佳，道咸以后，乃每况愈下矣）唐宋以后，尤不如汉魏以前。盖古之文字，于事实较切；后世之文字，于事实多疏：不足为表示思想之模范。而汉唐以上，文字抑又为本国人素所尊信。择其尤切于世者，阐明之，于全国人精神之联贯，大有关系也。读文之法，可择爱熟诵之。每季必以能背诵者若干篇为目的，则字句之如何联合？篇段之如何布置？行思坐思，便可取象于收视反听之间。精神之研习既深，行文自极熟而流利。故高声朗诵，与俯察沈吟种种功夫，万不可少也。所以须熟读者，以吾国人素无普及教育，言语与文字，久离为二。非脑海中蓄有数百篇之佳文，三四千个可以分类（谓名、代、动、静、状、介、连、助、叹九类之文法）之字，心手必不能相应。（寻常人说话所用之字，大约三千多，但无规律耳。）秉资虽有敏拙，习性中有文野，而此熟读功夫，则不可少耳！

谕 玉 侄

东西方伦理之比较

朔日来禀，谓古今"五伦"之不同，尚属合理。其中尚有一二未明晰者。乘友人回乡之便，为侄剖解：吾国自古相传之伦理，曰君臣、曰父子、曰夫妇、曰兄弟、曰朋友，此五者之纲纪，在家庭封建时代，似可通行，然已不甚适当。故三代盛时，孔子亦只谓之"小康"。洎乎封建既破为郡县，此五者之伦理，更觉其不当。况乎大地交通，国家种族之竞争愈烈，故吾之古伦理，愈不适于世用。而吾国人犹泥之，此地方所以不发达、邦国之所以日受人侮也。夫吾国之所谓"五伦"，非有谬也，但不周备耳！今世界学者公定之伦理，大概为对于己、对于家庭、对于社会、对于邦国、对于世界，亦五大纲。而以个人与邦国之关系为最重，一国民法由此定。修身道德即以此为标准。此实吾国向者之伦理所不及也。吾国家族伦理、父子间但重孝养，故谚有"养儿防老"之说。西洋各国，人重自立，养老自有储蓄；而对于教育，则有不可不尽之义务。故其人皆有学识、少家累，故能尽力于地方邦国。非不必养亲也，盖托生之社会国家，较二亲为尤重也，且人能自养，无须待养于子孙也。世界各国，成年自二十岁到二十五岁，各国不同。男子莫不有纳税当兵之义务。既成婚，则自为一家之户主。籍有专职，凡生死婚姻迁居莫不确注于册，无漏无隐。吾国则以五代同堂为美事，有祖、父、子、孙、曾。即年长成材，亦不得为户主，与地方国家，毫无关系。是徒增家累，减国力，乌能适宜于此竞争之世乎？总之，一国法度，当随时势为变迁，而道德即缘之为轻重。今后一国之民族，乃趋乎适者生存之轨，凡此种种片楮可尽，所愿吾侄注意及之。

禀 母

不背庭训而稍涉浮华

拜别赴京，于迢迢长路中，托母亲大人洪福！一路平安。与朱世叔坐车至铜山，给车银一两四钱。弃车换马，仆仆于山东大道，攒程进京。已于本月十二日，安抵圣都，当夜寓安徽会馆。翌晨，即移居狮子胡同九号马文虎家，议定每月房金白银一两二钱。马君温厚诚笃，年逾五旬，精神尚矍铄，评阅诗文，则高谈阔论，竟日无倦态；与男意气相投，足堪告慰者也！京中繁华富贵之气，触目皆是。惟男作客此间，万不敢背庭训而稍涉浮华也！行装初卸，不及细禀。

禀 母

述师从名师

六月十五日，抵京后所发家书，不知收到否？前日各地应举文人，组织文社，于九条胡同三号，慕曾涤生夫子之名，请渠出任社长。社规每月应交文三篇、诗八首。初次会读，男以诗文受知于曾夫子，因师事之。而朝夕过从，求义理经世之学。

男洵前有《入都》诗九首，中有如下语：

丈夫只手把吴钩，意气高于百尺楼。
一万年来谁著史，三千里外欲封侯。

写罢观之，功名之心昭然若揭，然此实男之志也。

寄　弟

文墨能定人生夭寿

　　日前寄母亲大人一禀中，言及文墨能定人生夭寿，想两弟均能神会！盖长于新奇藻丽，短于含蓄雍容：以之取科第则有余，享天年则不足。譬如出水芙蓉，光华夺目，曾几何时无复当安装颜色？苍松翠柏，视似平常，而百年不谢也！此外于写字一层，极宜留意，如有始无终，则迟暮之年，难得善果。此曾夫子时时论及，因转告吾弟，望善自为之！兄远客京师。晨昏定省，不得不有劳两弟，兹得胡君晋甫南旋之便，托渠带回毛颖二十管，每管银一钱，望分赠亲友，留作纪念。试期在迩，余不多述。如有人进省进京，可复我一函，以慰恬念。兄鸿章手草。

禀　母

述远游不忘报寸草春晖

跪诵八月十九日在省所发手谕：备悉福躬康健！合家清吉，不胜愉快！北闱秋试，三场文墨，差堪自满。不稔能托母亲洪福，不致名落孙山否？近来同诸好友酬答，时时出游胜地，以涤俗尘；虽未能如太史公游名山大川，要亦跋山涉水，得登临之乐耳！残秋将去，转瞬小春，为此托赵君梦蝶，寄回人参四两、阿胶十盒、鹿筋二付，如其奏效，万望赐示，陆续寄奉。稍尽寸草春晖之报。知注上禀，不尽缕缕。男跪禀呈。

禀 母

述中举榜

十一月廿四日,发第五号家信,不知收到否?放榜之日,男列二甲第十三名,诸好友均高中。曾夫子门下,可谓盛矣!现仍会集一处,论古今文学之盛衰,与时文派别,以备会试进场之事。儿媳能恪守妇职,教子有方否?近来母亲大人想多纳福。男鸿跪禀。

寄　弟

述初入幕府勿忘孝道

兄蒙曾夫子垂爱，荐馆于何仲高幕府。居停系初年翰林，学问渊博，晨昏清讲，实获吾心。公子亦少年好学。读上月初九日两弟手书，并感怀八章，足徵刻苦用功。远人闻之，无任欣悦，惟功名有迟早，无须介介也。细玩感怀诗中，词锋未免太露。母亲大人前，望晨昏奉侍，千万留意，以慰旅人。兹托同年朱吉甫寄上银六十两，以充家用。到后速即作复，免兄悬系。兄鸿章手书。

致瀚章兄

论书法——派系风格

四弟来示言书法云：勾联顿挫，纯用孙过庭草法；而间架纯用赵法，柔中寓刚，绵里藏针，动合自然等语。弟亦欣慰此说。子昂集古今之大成，于初唐四家内师虞永兴，而参以钟绍京。因此以上窥二王，下法庭间，此一径也。唐中叶师李北海，参以真卿、季海之、沈著，又一径也。晚唐师苏灵芝亦一径也。由虞永兴以溯二王，以及六朝诸家，世称南派。由李北海以溯欧阳询、褚遂良及魏北齐诸家，世称北派。欲学书者，先明二派之所以分。南派以神韵胜，北派以魄力胜。宋之苏东坡、黄山谷，似近南派。米襄阳、蔡襄，似近北派。子昂合二派而为一。嘱四弟从赵法入门，他日趋南派或北派，庶不迷于所往也。望将此意转告二弟。大哥于公退之余，可随时指导诸弟侄。甚盼。

致昭庆弟

论书法技艺

　　兄从涤生夫子游时，授书法云：其落笔结体，以珠圆玉润四字为主。前以活字济弟不足，今后以圆字成其功。欧虞颜柳四大书家，如天地之日星江河也。弟有志学书，须窥寻四人门径。用油纸临摹，间架则易进。

致 季 弟

论医理、断症候

　　昨日高升来，知吾弟患湿温症。据云脉濡滑、舌苔黄腻而厚，脑闷泛恶、口渴不欲饮，小便黄浊。服秦叔君所用石斛等救津药剂，因之更剧。兄细视此，方知秦叔君实多误解。兄对此道虽属门外汉，然略辨草木性质：石斛阴腻碍邪之症，决不可用。口渴舌燥，乃湿壅而津不上承之故。检内科方脉亦如是说。商之同僚郭永斌，渠少从徐子嘉游，颇明医理。所言亦与兄相仿。故兄意，决用燥湿药以治之，当无大碍。医药之重要，三尺童子，无不知之。虽医生握断症之全权，然当事者不可不稍知一二，以防不测也。兄因此得一教训：无论何种学问，均须研究。

致鹤章弟

论病后调养

来书患吾弟湿温渐愈，寒热停止，喜甚！此后当格外留心。饮食只进八分已够。如觉饿时，再进少许。起居亦当注意。古人曰：勤脱、勤著，胜如吃药。湿温症最为累赘，微有不慎，旧病即将复萌。复萌后，非特元神益亏，且病根已深，更难医治。务望注意为要。

谕 文 儿

有志为官者，不可仗势欺人

顷见曾夫子涤生书寄其世兄一笺，亦颇可为吾儿训。录以转示：凡作好人，作好官，作名将，俱要好师好友好榜样。吾儿少蓄为官之志，颇好！惟行事尚未就于正轨，业师足为吾儿模范，惟友朋辈尚嫌未足耳。师长常具畏惧之心，未敢朝亲夕近。虽有良师教训，难于转移学生性情。友朋等食则同席，出入同阶，惟有爱慕之心，不若师生间之敬惧而难于转移也。今尔友类都大家风气，习俗殊生厌恶，而有志为官者，亦所更忌者也。吾儿不可因恃父兄显贵而仗势欺人，尔知汝祖父穷乏之时，为人所凌暴，敢怒而不敢言，尔当念祖父之被困，而生反感焉。

致 鹤 章

谈读经之诀窍

兄少时从徐明经游,常告读经之法。穷经必专一经,不可泛骛。读经以研寻义理为本,考据名物为末。读经有一耐字。一句不通,不看下句;今日不通,明日再读;今年不精,明年再读。此所谓耐也。弟亦不妨照此行之,不患不精焉。

致 四 弟

谈集体开饭的好处

在营中时，我老师总要等我辈大家同时吃饭；饭罢后，即围坐谈论，证经论史，娓娓不倦，都是于学问经济有益实用的话。吃一顿饭，胜过上一回课。

寄 瀚 章

述手足之情

  天南地北，想念之忱，无刻或忘。屡欲致书奉候，终以不得其便而为之搁笔。兹以两粤总戎进表使者返垣之便，托伊奉上一书。弟抵京之始，寓狮子胡同九号马文虎家。北闱中式，蒙曾涤生夫子荐馆于何仲高幕府。何公少年入第，学识渊博。安砚此间，差堪告慰。春闱试后，必告假归省，以慰倚闾之望。两弟因功名不遂满腹牢骚。吾兄知其一二否？望有以教之。严冬霜雪，调摄自珍。弟鸿章拜手。

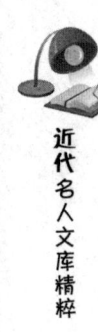

禀 母

述游子之心

　　九月廿四寄两弟一信不知收到否？开读上月十八日手谕。忻悉人参、阿胶、克奏大功。白银收到为慰。所示十款，朝夕拜诵，如见亲颜。出入奉遵，以慰慈念。男现阅《十三经注疏》。春闱即应经试。无论得第与否，必乞假归省，以补漫游之罪，稍承菽水之欢。现以同乡陶邦良旋里之便，奉上银四十两、人参六枝、阿胶十盒，伏望检收。男鸿章谨禀。

禀 母

西山之游寄情怀

四月廿四日一禀不知收到否？前日何公率子女甥邀男与三弟作西山之游。流连六日，返车回京。西山离京百余里，登其巅，俯瞰四方，胸次俗尘，一扫而尽。山水之胜，遥想桂林不过尔尔也。三弟等为秋试已迫，连日看书写字，足不出户。男以渠进境甚速，使其从同年郭寅皋游。郭同年文名满天下，更兼千言倚马，有韩潮苏海之风。三弟文气，依稀相似，师之似得其所。季弟自二月十六日寄男一信后，信息杳然。男知其不得意，屡次作书相慰，不得一报。未卜读书写字以起劲否？益妹能时时归宁否？遥想英甥文儿，此刻牵衣相间，泥人竹马，渐知顽笑矣！

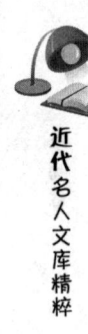

致 季 弟

述文社吟诗

接诵十月二日手书。备悉妹丈已中南闱,择吉来京。何日起程?望专函告知,以便到站迎迓。文社诸好友,本月十四日起,于社中开梅花会二天。适逢大雪。点缀皆砌,红白成辉,作诗甚多。将来付梓成册,当寄奉一卷也。大哥于前月十六日抵粤后曾有信来,一路安静,现照常视事。

禀 母

流连山水之间

　　妹丈同年友严俊等于十二日驰抵京都。由男代觅住屋一所，言定每月价银二两。该处与幕府相隔一箭，可时刻往来。前日会试，妹丈以仄声失拈，何公子以气魄不足，遂不得意。男春闱仍应经试，者番文墨，较上科稍为遂心。不稔能侥幸否？前日偕诸好友游通州，返京后，蒙上皇恩泽赐游北海。通州天然胜景，北海以匠工争巧，眩人耳目。履其地竟流连不忍去也。

禀 母

述挂榜"编修"、安身幕府

挂榜之日，男托大人洪福，名列二院编修。男出辞馆席，承何公至诚款留，故席虽辞仍安身幕府，现已入院视事。三弟从郭同年游，只得九阅月，头角渐露，可慰亲心。季弟聪颖过人，想近作可渐入佳境矣。

寄 四 弟

论学识精进之理

　　学业才识，不日进，则日退。须随时随事，留心著力为要。事无大小，均有一定当然之理。即事穷理，何处非学？昔人云：此心如水，不流即腐。此为无所用心一辈人说法。果能日日留心，则一日有一日之长进。事事留心，则一事有一事之长进。由此而日积月累，何患学业才识之不能及人也！作官能称职，颇不容易。作一件好事，亦须几番盘根错节，而后有成。昔人事业到手，即能处措裕如，均由平常留心体验，能明其理，习于其事所致；未有当前遇事放过，而日后有成者也。弟于此层，最宜留意。

谕玉侄

论身病与心病

汝今多病,我不忍以学业督汝。然病者身也,而心志则不能病也。当病之时,宜息养其身,而不可灰颓其志气。且安知夫病之久而不愈乎?夫病同而病之者异。古人有咏病鹤者、有咏病马者,鹤与马虽病,而其凌云之气、追风逐电之心,故在也。鸡犬岂必不病,而古人无咏之者。彼即不病,固无望其高远耳。余向者抱病,志气不少衰,而病且等于无病何也?立心坚确,阴阳亦退而听命也。助哉吾侄!敬听我言!

致瀚章兄

敬以持躬、恕以待人

涤生夫子与鲍春霆书,有"勋位并降,务宜敬以持躬,恕以待人。敬则小心翼翼,事无巨细,皆不敢忽。恕则凡事留余地以处人,功不独居,过不推诿。常常记此二字,则长履大任,福祚无量"等语。弟以敬恕二字,自是立身要旨,因为录寄吾兄,愿共勉之。

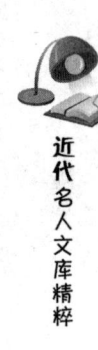

谕 文 儿

论读书之境界

汝兄弟来禀，以读书不得其法，颇为怅恨。要知读古文，须从头至尾，一气读完。万不可分段读！盖文贵气魄、忌散漫。分段读，势必失通篇精警处，而淡然无味也。既知读法，则一面读、应一面听。如李华《吊古战场文》，李陵《答苏武书》，能想到一幅凄凉图画，满纸生风，汉皇负德，只字泪寄千行。而为之声泪俱下者，可谓得读书之玄奥焉！此层我与伯叔等，时时论及。汝可翻阅长上之日记，说近请教四叔。汝兄弟家居，宜听诸长训言。读书写字，刻苦用功。我以身体不适，不能多及，他日当反复论之。

禀 母 亲

述"苏浙之战"及"洋枪队"华尔毙命

前贼犯上海，上海官绅立"会防局"，议结外国助剿。遣使山海道进都，请旨旋得嘉许。至是贼犯吴淞口，又盘踞浦东高桥镇。均为美人华尔、英何伯法尔提督与法人卜罗德击退。华尔与白齐文教练中国兵勇，习洋枪，称"洋枪队"，为常胜军。旋华尔阵亡。白齐文以索饷不遂，投贼军。于是以戈登代领常胜军。二月曾夫子遣男赴援上海。初会夫子议遣男别领一军，由镇江进窥苏常。适以上海会防局，雇备轮船，遣员至安庆迎援师。遂改令男率楚军及新募本乡军，乘轮东下，扎营于上海城南。圣恩浩荡，授男江苏巡抚。男以军事有燃眉之急，遂于十二月拜表谢恩，受职视事，而别授薛焕通商大臣，专办交涉事宜，营中条例，悉遵曾夫子所订之湘军规则。

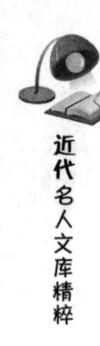

寄昭庆弟

述陈玉成被俘就义

多隆阿将军,攻克卢州府城,贼酋陈玉成奔寿州,乞援于平北王苗沛霖部。沛霖诱玉贼入城,起伏兵擒之。并将其部将二十余人,解送颍州胜保军前,胜保槛送京师。未至,诏于河南卫辉府之延津,将玉成凌迟处死。玉成号"四眼狗",勇悍亚杨秀清,谋略过李秀成。一朝处死,皖楚间之贼军,大不如前,想易于剿灭矣。

禀 母 亲

述法酋卜罗德毙命

贼军踞浦东各地，闾里邱墟，鸡犬不宁。来沪避难者，十万余人。芸芸众生，罹此浩劫，夫妻分散，父子失踪。一片哭声，震动山岳。男身膺疆寄，职负巡抚，对此景象，寝馈难安。计与贼军开火二十余次，各有胜负。前日一役，于枪林弹雨中，出生入死者，计四百余人。法提督卜罗德亦阵亡。卒赖天佑圣朝，将士饮血，士卒用命，而贼众尽数覆没。现拟用士卒之余勇，进援苏常，使贼腹背受敌，早日翦灭。

寄昭庆弟

述太平军金陵突围

曾国荃自攻克秣陵关等要隘，围逼江宁，驻军雨花台后。贼军守城兵出战，辄败创以回，惮于对阵，坐此贼首洪秀全，促伪侍王李世贤、伪忠王李秀成还援。适以左宗棠力攻卫州，世贤不克离浙。秀成选遣其国宗回援。战攻数次，俱以狼狈闻。曾军以百战百胜之勇，日夜猛攻，正可一鼓而下。无奈贼不该灭，大疫流行，鲍超等病不成军。金陵围师，亦死者山积。闰八月上浣贼秀成自苏常率众六十万进援。围官军营数重，日夜猛攻，国荃裹创苦守，对垒相持。未及一月。贼世贤自浙至，开隧道以攻，官军掘内濠以阻之。相持四十六日，始解重围。是役也，官军伤亡五千余人。国荃之弟贞干，以病后过劳，遂致不起。

禀 母 亲

述去戎转理外交

前日圣旨下,命薛焕调京使用,着男暂署办理通商事务。男即进表谢恩,就听视事。顾以深沐皇恩,遇事必再三慎重,以副九重委托。三弟在署,读书写字,一如往昔,办理琐事,实犹儿心,可慰可喜。季弟与文儿玉侄,耕读之道,不知可慰先人于地下否?

致昭庆弟

述战事、询亲情

常熟太平守将骆国忠，附贼数载，半途省悟。请降于见。已准其所请，勖渠戴罪立功，以示圣朝宽厚之意。不料贼并不悔过，进闱常邑。官军驰攻昆山、太仓，为伪慕王谭绍洸击退。于是兄令刘铭传，乘轮船济师。洋将戈登，率洋枪队助之。遂克昆山、太仓，而解常熟之围。文儿玉侄，家居攻读，端赖吾弟百方指导，纳于正轨。母亲桑榆之境，尤望弟勤于定省，以慰兄于客地也。

禀 母 亲

述戮杀降将

男等自克昆山太仓后，上海军又迭克吴江江阴各县，并攻克沿太湖之各卡，遂合力进逼苏州。李秀成力谋解苏州之围，然吾军奋勇攻击，又夺得浒墅关。李贼知难以为力，遂入城与谭逆绍洸，坚守不出。吾军以炸炮轰城外，石垒皆破。秀成魂丧，无复当初剽悍之象。适以洪贼秀全，待援迫于眉睫，遂留绍洸驻城巡守，乘夜遁去。我军中程学启等，攻城尽夜不息。伪纳王郜灵官等，因副将郑国魁通款于学启，遂刺死绍洸，开齐门请降。男入城抚视。学启初与灵官等约为兄弟，至是恐降众复叛，力请于男。尽杀灵官等八伪王，及其党数百人。此事虽太不仁，然攸关大局，不得不为。

寄昭庆弟

叙"天京合围"

江宁围师,用命猛攻,互有胜负。顷得捷报,已攻克钟山天保城,遂合力围攻,勇气百倍。九帅之将师,令人钦仰。先是曾国荃驻军雨花台,夺取附城诸要隘。东南西三面,悉为曾军所得。惟东北钟山各垒,相持未克。九帅乘夜进攻,遂克钟山之巅大石垒(名天保城)者,自此,城北之围始合。而洪贼困守城内,无所依据,想来易于弋犹矣。

致昭庆弟

述"常州之捷"

我军自苏州,即分兵攻嘉兴、常州。前克嘉兴,已函告矣。攻常州之军,由兄督刘铭传、郭松林及戈登之常胜军。分道进攻,城破,获伪护王陈坤书。时镇江、扬州官军,克丹阳之捷报,亦不期而至。全军士卒,咸谓行军以来,克服之速,以常邑为破题儿第一次。更兼同日攻下丹阳,为天心厌乱,逆贼当灭之预兆。

致昭庆弟

述陈学启之死

涤生夫子令怀宁人程学启,投兄处立功。所向克敌、奋勇先登,实国家难得之人才。而竟以此次进攻嘉兴,挥众肉搏;登城时,受伤脑部,舁归,以创重而卒。部下恨贼军之戕其主将,争为先登,遂克服之。余以其从兄有年,智勇堪嘉,一朝为国致命,如失手足。当即请议奖恤,以示来者。圣德隆高,准如所请,予谥忠烈。

禀 母 亲

叙"天京沦陷"及血洗太平军

金陵围师,自攻克钟山石垒后,尽夜猛攻,创伤枕籍。卒以洪贼困守城中,粮援俱绝。李秀成力劝洪贼弃城同走,贼不听,乃令李世贤先就食江西,而自留金陵,背城固守;再于城内筑月城以御官军,自谓安如磐石。九帅百计围攻,思筑隧道以轰之,无奈月城相阻,不得越雷池一步。五月三十日,攻克龙脾子山阴坚垒,俗所谓"地保城"者。遂筑炮台于上,日夜轰击,而潜穴于下,时刻进取。六月十六日地道火发。倾城二十余丈。李臣典、肖泗孚辈,蚁附争登,城遂破。九帅日夜劳心,风餐露宿,以致苍黑焦悴,无复尽生面貌。其忠义之气,令人感泣。当今伟绩,尽出曾氏一门。是天赋之独厚耳!城破后伪天王府火起,九帅闭门搜杀贼众三日夜,太平酋目三千,兵十余万皆死。生擒李秀成,及伪天王之兄洪仁达等。伪天王知不得善终,先于五月二十七日服毒自尽。其子福填,年十五六,为部下挟之突围出走。相扰数十年,至是始抵于平。事闻于朝,圣上以手加额,破颜作庆。于是诏封曾涤生夫子为一等侯,国荃一等伯,李臣典一等子,萧泗孚一等男,官文与儿均一等伯爵。杨岳斌、彭玉麟、骆秉章、鲍超均一等轻车都尉。余各按功升赏。李秀成等诸逆,均磔于市。现查得福填之出走也,伪堵王黄文金迎至湖州。是时苏州军力攻破其城,浙军亦下安吉;文金于仓卒中挟福填走宁国;苏州军并收复广德州城。

禀 母 亲

叙太平军残部亡走始末

逆贼洪福瑱亡走宁国，又走广德。广德被苏州军破后，鲍超又大破逆军于许湾。黄文金又挟福瑱走浙江之淳安，为浙军黄少春所破。至于文金死，福瑱辗转走广信，为江西军席宝田率轻兵尾其后。及至石城，围破之而俘斩过半。卒获福瑱于荒谷中，磔于南昌市。伪天王之见伪恤王洪仁政，弟伪于王洪仁轩及黄文金、伪昭王黄文英等，已先为席宝田所擒。于是逆贼余众，仅存李世贤、汪海洋入闽一股。事闻，诏赏江南巡抚沈葆桢一等轻车都尉，并赏鲍超一等子爵，席宝田灵骑尉。

致昭庆弟

述太平军余波

　　逆贼余众李世贤、汪海洋窜福建,陷龙岩、漳州。按察使张运兰,进军围剿。屡次败北、卒死于兵。后署福建提督林文察,进攻漳州。亦不果而死。似此蕞尔幺麽,漏网出亡,骚扰八闽。张、林不能剿灭,反以致死,何其弱也。

禀母亲

述僧格林沁亡毙

僧格林沁既歼苗沛霖等，诸大臣于淮颍以北，揭竿乌合之众，扫荡无遗，威震中原。此次为剿捻匪于楚之间。因其地山谷沮洳，骑不得逞，累中伏敌。伤良将恒龄舒通、额苏克金等。至是大股捻匪张总愚、赖文光等悉入山东曹州境。僧格林沁率师疾追，日夜进一二百里。且自率亲兵数千，先大军而行。时官军与捻匪皆重趼羸饿，寒暑不能休息，势且俱蹷。既而追及曹西，捻匪勾结郓北伏莽数万，四路压集，僧格林沁进击，大败，避入空堡，敌围之数重，及夜，突围出，降卒叛，反冲官军，敌乘之，遂全军覆亡。僧格林沁及总兵何建鳌、内阁学士全顺皆战死。呜呼！一世之雄，竟死于捻匪之手！能不发指。事闻，诏以亲王饰，终典礼从优议恤予谥曰忠。并命配飨太庙，绘像紫光阁，子伯伯彦讷谟袭亲王爵，并赏博多勒噶台王号。此后即命钦差大人曾涤生夫子赴山东督师，以男暂署两江总督；旋又命曾夫子督办直隶、山东、河南三省军务事宜。

禀 母 亲

叙"剿捻"布防

捻匪张总愚等窜海、沭，竟敢藐视皇师，夜郎自大。曾夫子命刘铭传等，星夜催程，驰往淮徐援剿。既至清江浦，捻不得下窜，遂沭阳西走郓城，而纠合各方伏莽，攻扑雉河。曾夫子乃调刘铭传、周盛波进援雉河。大破捻匪于涡河西岸，而解雉河之围。然捻匪一败之后，不复成军，渐成流寇。曾夫子以匪流而兵亦与之俱流，深虞匪徒到处搜刮，资粮无限，而官军兵力有穷，乃议定以四省十三府州地，设四镇重兵，以资弹压。于是安徽以临淮为老营，山东以济宁为老营，河南以周家口为老营，江苏以徐州为老营，各驻大营，为四省之重镇。一省有急，三省往援。庶不致人民常于水深火热中也。驻防之地定，遂以刘铭传驻周家口，张树声驻徐州，潘鼎新驻济宁，刘松山驻临淮，而另以昭庆弟之马队一支，为游击之师。自此办捻匪之局，始有纲纪。肃清之期，想不远矣。

致瀚章兄

突围有感

前日贼军扑营得手，十座营垒均为所破，兵勇死者不可胜计，弟因不在军中，得捡一性命。

贼势猖獗，民不聊生。吾等世受国恩，此贼不灭，何以家为？途经明光镇，有所感，赋《七律》一诗，抄兄共赏：

丙辰明光镇旅店题壁

巢湖看尽又洪湖，乐土东南此一隅。
我是无家失群雁，谁能有屋稳栖鸟。
袖携淮河新诗卷，归访烟波旧钓徒。
遍地槁苗待霖雨，闲云欲出又踟蹰。

禀 母 亲

述任"剿捻"钦差

曾夫子自谓剿捻无功，精力太衰，不能当此大任，屡请罢斥。当蒙圣上照准，命曾夫子回两江总督任，授男钦差大臣，专办剿捻事宜。男已拜表谢恩，一俟曾夫子到署，当即交代北上，设或路出临淮，阅军进剿。一得肤功，拟驰抵家园，以慰数年来白云亲舍之情。

致昭庆弟

叙太平军余波覆亡

余逆汪海洋，为浙军曾同苏军，攻克漳州巢穴。李世贤等星夜奔遁，又破之至永安，闽境遂肃清。不料海洋寇粤，败粤军于镇平，复合霆营溃卒，势以复振，世贤与海洋有仇，寻为海洋所杀。天佑圣朝，贼众当灭。而霆营溃卒，与海洋所部争粮，多降于粤军，方惧旋，康国器克镇平，海洋走平远，被江西军席宝田破之赣南，矛伤其背；遂复走广东，突陷嘉应州。官军攻之，海洋中炮死。其党推伪嘉王谭体元，驻城施令。城破，自南面出走，至黄沙嶂。官军四面蹙之，贼众以路险围重，不得突出，降者万余人。贼体元与部下诸将，皆死于谷。洪贼纵横数十年，害生灵数百万，至此方告肃清。溯洄往事，能不使人掉泪。吾弟游击捻匪，望时以受人之托，终人之事，而报皇恩于万一。

致 二 叔

论官场关系网

吴中官场素习浮靡,自王雪轩当事,专用便捷、圆滑、贪利、无耻一流,祸延两省,恬然不知纲常廉节为何物,其宗派至今不绝。沪吏十有七八系浙人勾结把持,直是无从下手。

禀母亲

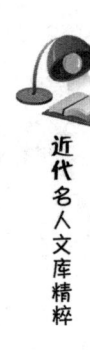

述"剿捻"轶事

捻匪任柱、赖文光、李允等,由河南趋湖北,盘旋德安、安陆之间。郭松林进剿,以路径生疏,被围于沙冈集,张树珊战死于杨家河。于是捻势甚张,屯尹隆河,以窥安陆。当由鲍超率霆军,刘铭传率铭军,由襄、樊、随、枣,分路进剿。会于安陆,霆军驻白口,铭军驻下洋港。期以庚午日辰时,进军夹攻。而铭传冀独得首功,先一刻进攻,竟大败,所部唐殿魁等死之。及霆军践期来,乃大破捻匪,杀敌万余,生擒八千有奇,救铭传于重围之中,又败贼众于直河、丰乐河及襄河之边。如其天从人愿,捻匪之灭,当不远矣。

致镜蓉、琼芝及静芳

渴望结束战争,重享天伦之乐

尔文投笔从戎,恐一时难以与家团聚,甚念。在家宜多听母诫,勤学女工,诗书礼仪不可松懈。父经饶州时,因想念儿等,曾作有一诗,现寄回。

万年道中寄二女并示静芳侄女

半生失计从军易,四海为家行路难。
惟有娇痴小儿女,几时望月泪能干。
阿爷他日卸戎装,围坐灯前问字忙。
天使诗人卧泉石,端教道韫胜才郎。

禀母亲

述官场升迁贬黜

九帅奏参湖广总督官文,贪庸骄蹇,朝廷命绵森、谭廷襄驰抵湖北查办。以九帅所奏属实,命官文先行撤任,侍郎胡家玉,以收受官文馈遗,革职留任,并毋庸在军机大臣上学习行走。官文旋革去总督,仍留大学士伯爵,改为革职留任,调京供职。并命谭廷襄暂行署理湖广总督。本月六日,命男为湖广总督,仍在营督办剿匪事宜。并调瀚章兄为江苏巡抚,命署理湖广总督。

致鹤章

论言官之坏事

言官制度，最是坏事，明朝之亡，乃亡于言官。言官大凡少年新进，不通世故，不考究事实得失、国家利害，但随便寻个题目，信口开河，畅发一篇议论，借此以出露头角，而国家大事，已为之阻挠不少。现在办事，举步维艰，动辄得咎，大臣本不敢轻言建树，但责任所在，又不能坐以待毙，常常苦心孤诣，想出一条线路，稍有几分希望，千盘百折，甫将集事，言官以为有机可乘，则群起而攻之。朝廷以言路所在，又不能不示加容纳，往往半途中梗，势必至于一事不办而后已。大臣皆安位取容，苟求无事，国家前途，宁复有进步之可冀？

致瀚章

述"剿捻"始末

剿捻计划，初议于山东之运河东岸，河南之贾鲁河、沙河西岸，沿堤筑长墙。不料河南长墙已于上年为捻窜破，惟运堤屡次被攻未陷，山东赖以完固。其分凡济宁以北，东军守之；台庄以南，湘淮各军守之。会天旱水涸，运河成干沟，人马可行。于是捻酋任柱、赖文光等以郓城梁山寨有土匪勾引，率众直犯戴庙。东军失守，遂冲过运河东岸长墙。是月初，捻由海神庙渡潍河，胶莱。任赖各捻渡运河后，将趋登莱，弟采诸将议，倒守运河，进扼胶莱，将蹙之海隅，调东预各军，会同淮军，守运河南堤。于炎炎赤日之下，冒暑兴筑堤墙。至是捻股疾驰回窜，屡攻防守各军，卒不得逞，乃由海神庙以北海滩，扑渡潍河。于是胶、莱之防又溃，似此跳梁小丑，经年累月，而不能剿克，以分宵旰之忧，妄食圣朝之禄，奈何！奈何！兄以两广之经历，治湖广之大事，遥维得心应手，运用自如。

致鹤章弟

论恩德有报

吾弟来书，说起周济亲族事，兄亦颇赞成。前吾祖父穷且困；至年终时，索债者几如过江之鲫。祖父无法以偿，惟有支吾以对。支吾终非久长之计，即向亲友商借。借无远期，亦渐为亲友所厌。其时幸有姻太伯父周菊初者，稍有积蓄，时为周济，并劝祖父以勤俭，并亟命儿孙就学。吾祖父从其言，得有今日。吾弟年少，此事或未之详也。吾与诸弟能有功名，非有周姻太伯，焉克至此。吾虽服役在外，未尝敢一刻或忘。今周姻太伯之后，亦如吾祖父之穷困，亟应筹款接济，以报昔日之功。今特命使者携银五十两送去，暂济涸辙，至吾祖父所欠未偿者尚多，兄至年终当更筹百两。吾弟景况亦非昔比，当可分任其劳，至大哥处，兄亦去信矣。吾弟兄四人，将来能积资十万，仿范文正之例，开办义庄，庶族中贫有养、孤有教也。

致瀚章兄

述恻隐之情

接鹤弟来信,言周济亲戚事,弟极赞成。今约吾兄弟四人,先理夙债,待偿清后,设立义庄,仿范文正先例。弟今拟提年俸之一部,偿祖父所父之利金,昨日命使者持白银五十两往本乡中周太姻伯之孙处,以报昔日之恩。盖祖父晚年,颇受周姻伯之厚惠。此事吾兄固知之,今闻周菊初太姻伯之后,竟一如吾祖父当日之情状,可叹也。

致 四 弟

论养生之十六大忌

人虽有文章、名誉、金钱,而无强健之身体,亦何所用之?故养生之术,不可不注意也。养生非求不死,求暂时之康健而处安乐之境耳。常人不知养生,其最易致病而促寿者有十六条,愿我弟细阅之:

一、终年懒于洗浴,污垢堵塞,皮肤几无排泄之功用,肺于臂之负荷较重。

二、每日晏起,一起身即以点心朝饭饱塞胃部。

三、一日三餐,皆贪美味,食之过饱。《淮南子》曰:"五味乱口,使口损伤。"付休奕曰:"病从口入。"

四、一日三餐之前后,皆食点心及一切闲食,使胃肠无休息之时。《博志》曰:"所食愈少,心愈开,年愈益。所食愈多,心愈塞,年愈损。"

五、每次食物均不细嚼,且咽下甚速,使胃作咀嚼之功。

六、晚餐甫毕,即就寝;或就寝时饱食吃干点心。

七、深夜坐谈,或狂饮或赌博,至来夜方就寝。

八、终日终夜紧闭卧室之窗门,凡灯火、衣服、便桶、便壶等发生之浊气,及人体放出臭气,皆郁积于房内。

九、终日坐卧不甚运动,不出门户,不见日光。

十、终日畏风,所呼吸者,惟屋内之浊空气;卧时又以被覆其首。

十一、吸水烟、旱烟或鸦片,使内脏及血液皆染烟毒或鸦片毒。

十二、饮酒狂醉,使心脏积多脂肪,以致疑心跳动,使脑积血,或脑出血。此外如肝、胃、肺、脏、血液,无不大受其损。

十三、终年饱食肉类，血肉蕴毒既多，一日为外症或传染症所侵袭，则轻症变为重症而死。《吕氏春秋》曰："肥肉厚酒，务必自强。"《命》曰："烂肠之食。"方今各派提倡素食者渐众，且集会素食者有之。吾弟慎勿轻信迷于信佛也。

十四、看淫剧犯手淫，以致神经衰弱；其余有碍风化之事，悉能挑动色欲之端。

十五、宿娼买妾无有不发生花柳者，幸而免焉，则事过度；旦旦伐之，生健忘、心跳、不消化等，继则阳萎、血薄、肺痨而大命乃倾。

十六、大便闭结，往往三四日一次。甚有七八日一次、十余日一次者，粪块压迫大肠，致真阳郁血而有痔疮之患；粪毒亦吸入血内。

予玉侄

论却病延年之道

余近每觉精神不舒，四肢乏力，腰痛脊酸。因参观医经，得下十二段，按日运导按摩，渐觉安适，已似恢复二十年前之景象矣。闻尔舅氏与余有同病，特录出以之转告，大可试行也。

一、叩齿。齿为筋骨之余，常宜叩击，使筋骨活动，心神清爽。每次叩三十六数。

二、咽津。将舌舐上腭，久则津生，满口便当咽之。咽有声，使灌溉五脏，降火甚捷。咽数以多为妙。

三、浴面。将两手自相摩热，热覆而擦之，如浴面之状，则须发不白，即升冠鬓。不斑之法，颜如童矣。

四、鸣天鼓。将两手掩两耳窍，先以第二指压中指，弹脑后骨。上下左右二十四次，去头脑疾。

五、运膏肓。此穴在背上第四椎下脊两旁各三寸，药力所不到。将两肩扭转二十七次。治一身诸疾。

六、托天。以两手握拳，以鼻收气，运至泥丸，即向天托起，随放左右膝上。每行三次，去胸腹中邪气。

七、左右开弓。此法要闭气。将左右手伸直，右手作攀弓状，以两目看右手，左右各三次。泻三焦火，可以去臂腋风邪积气。

八、摩丹田。法将左手托肾囊，右手摩丹田，三十六次。然后转换如前法。暖肾补精。

九、擦内肾穴。此法要闭气，将两手搓热，向背后擦背腔，及近脊命

门穴。左右各三十六次。

十、擦涌泉穴。法用左右手把住左脚,以右手擦左脚心。左右交换,各三十六次。

十一、摩夹脊穴。此穴在背脊之下,大便之上,统会一身之气血。运之有益,并可疗痔。

十二、洒足。足不运,则气血不和,行走不能爽快。须将左右立定,右足提起,洒七次。在左右交换如前。

据医经云:按日行之,却病延年,明白显易。庄子呼吸吐纳,熊经鸟伸,为寿而已矣。此道引之士,养形之人,彭祖寿考者之所好也。余按日所行之成绩,却病已足为明证。而延年一语,尚难预料也。惟以不药而治病,断无大碍于禄命。故余特命吾侄转告尔舅,以期速愈也。

致鹤章弟

论强身养生去邪之道

兄日来颇注意于养生之道。参阅老子导引四十二势，婆罗门导引十二势、赤松子导引十八势、钟离导引八势、胡见素五藏导引法十二势。在诸法中颇有妙解。其切要不过于此。学者能日行一二遍，久久体健身轻，百邪皆除，不复疲倦。兄以公务冗繁，未能遍行各法。每日只行一遍，自始至今，未及二月，已稍得其效。来书每提体弱多病，兄意体弱断非药石之功。今节其至要陈之，弟可效法焉。凡功行每于子后寅前，此时气清腹虚，行之有效。先须两目垂帘，披衣端坐。两手握固跌坐，当以左足后跟曲顶肾茎根下动处，不令精窍漏泄。两手当屈大指抵食指根，余四指捻定大指，是为两手握固。然后叩齿三十通，即以两手抱颈，左右宛转二十四次（此可去两胁积聚之邪）。复以两手相叉，虚空托天，反手按顶二十四次（此可除胸膈间病）。后复以两手一向前，一向后，如挽五石弓状，二十四次（此可去脾胃中积邪）。复以握固，并拄两肋，摆撼两肩二十四（此可去腰肋间之风邪）。复以两手交捶臂及膊反捶，背上连腰股各二十四（此可去四肢胸臆之邪）。复大坐斜身偏倚，两手齐向上如作排天状二十四（此可去肺家积聚之邪）。复大坐伸足，以两手向前低头，扳足十二次。却钩所伸，屈在膝上，按摩二十四（此可去心包络间邪气）。复以两手据地缩身，曲脊向上十二举（此可去心肝二经积邪）。复起立据床拔身，向背后视左右各二十四（此可去肾间风邪）。复起立徐行两手握固，左足前踏，左手摆向前，右手摆向后；右足前踏，右手摆向前，左手摆向后，二十四（此可去两肩俞之邪）。复

以手向背上相捉，低身徐徐宛转。二十四（此可去两肋之邪）。复以足相纽而行，前进十数步，后退十数步。复高坐伸足，将两足纽向内纽向外，各二十四（此可去两手两足间风邪）。行此十六节讫。复端坐垂帘握固，冥心以舌舐上腭，搅取华池神水，漱三十六次，作咕咕声咽下。复闭息想丹田之火，自下而上，遍烧身体，内外蒸热乃止。

致瀚章兄

论治失眠，兼言外交需习西文

弟近患失眠症，苦终夜不能一寐。至日间后，觉有倦意，然后办公时间，未便作假寐，每多疏略之处。后同僚王为国告我曰：临卧时，默念数目，自一至百，渐能入梦。弟试行之，初不甚效，后强而行之，效乃渐著。

本朝自开海禁以来，东西洋各国，往来渐繁，国际间交涉，亦因之渐多。然东西各国文字言语各异，为使臣者，每遇交涉，虽有译吏为之传达，终不若直接为便。弟因是之故，特设外国言语馆于上海，选聘各国旅沪侨民，为之教授。专授各国文字，养成外交人才。吾兄倘有意于此者，可命玉侄来申学习。将来为国家效力，此亦我李氏所欣幸也。

致 四 弟

论孝敬老母之常伦

我弟兄四人，惟吾弟年幼，尚在乡攻读，家中事务，全恃母亲主持。老母年近古稀，精神日退。兄服务在外，不能时时回来，吾弟年逾弱冠，世务情形，当默自考察。佐母亲精力之不逮，晨昏侍奉，尤须毕恭毕敬。倘有不满意事，不可趁一时血气，以使母亲不悦。遇疑难事尤宜与诸长辈商量，不可独断独行。谚云"一人腹中，无两人志"是也。诸堂弟妹及侄等，平日须好好教训，勿令荒疏学业。

李鸿章

谕 文 儿
论国文有成后应立即学西文

　　吾儿来禀，书法渐有进境，叙事亦有头绪，甚喜，甚喜。惟求学须有恒心，不可因稍得门径，以为已足。余近在上海，设立外国语言馆，聘请外国知名之士为教授，专授外国语言。吾儿待国学稍有成就，可来申学习西文。余未读蟹行文字，每与外人交涉，颇感困难。吾儿他日当尽力研求之。余前与四叔书，谓祖母年老，家事不可再使其烦心。吾儿在家，攻读之外，每日至四叔处请安，并讨论学问。虽微小之事，亦可与四叔商量也。四叔之训，不可违背。

致鹤章弟

论孝道、行功之道及学西文之要

兄前致书与四弟，谓母亲年老，倦于家务，劝四弟攻读之外，扶助一切。吾弟想亦表同情也。兄今在歇浦江畔，设立外国语言馆，聘请外国知名之士为教授，专授西文，以造就一班洋务人员子弟。如愿来学，望弟告我。前书谓行功之道，今更有一言相告，为养生家之秘诀：每日饭后行走数千步是也。弟每餐毕，可环署而行，或走到校场，来回约共三四千步。三月后，必见大效矣。

兄经德意志转荷兰国，得遍尝西国之风味与佳肴，睹其人民之歌舞，珠喉玉歌，并世无双，特赋诗一首，抄寄。

出入承明四十年，忽来海外地行仙。
华筵盛会娱丝竹，千岁灯花喜报传。

致鹤章弟

保身即是孝

《礼》云："道而不径，舟而不游。"古之言孝者，专以保身为重。乡间路窄桥危，嗣后吾家子弟，凡遇过桥，无论轮马，均须下而步行。至要、至要。朱柏庐先生作家训，首句即为黎明即起。为养生家之惟一良法。盖清晨之气最佳，终夜紧闭卧室之内，浊气充塞，一吸清气，精神为之一爽，百病皆除。兄前好晏卧，自今春始行此法，身体渐好，食量亦增。敢劝吾弟仿行之。

寄昭庆弟

论济民之道不可违于法

此间年有水灾，人民异常困苦，今年较往年为重。各属烧锅，本应饬禁，以裕民食。惟虑州县禁令不齐，私烧仍不能免。而吏役需索，弊窦丛生。且烧户千数百家，全行闭歇，亦恐坐失生计。饬据筹赈局司道，议照光绪九年奏案，免其停烧。即以资本之大小，酌令捐输。每户多至五十金，少亦二三十金，公归顺直助赈。不准影射巧避，兄以为此乃两全之法，盖既不可不顾民困而又不可忽于法治也。

李鸿章

致鹤章弟

论为边地人民办教育之必要,并附奏折

兄观顺直人民,性情较吾南人民为恳挚。昔称重武士而轻文人,近则不然。功名之心,亦非昔比。张家口、独石口、多伦诺尔三处,商业渐次繁盛,塞外人民,移居此者,几逾万人。而秀良者,亦多有志读书。然向无学宫招考,英雄无用武之地。深为可惜。

兄昨特奏明圣上,请添三厅学额,录原文以资参酌。吾弟对疏奏文字,尚嫌少作,宜多看,方免临时失措也。文曰:

窃查迤北之宣化张家口、独石口、多伦诺尔三厅地面,本系塞外荒区,从前经商种地之人,皆自他处迁往。户口甚少,不去糜常,是以向无学校。近年荒地日辟,生聚日繁。白草黄沙,亦为阡陌。望衡对宇,渐有市廛。臣前派员清查,垦地升科,咨询民间疾苦。其民之秀良者,亦有志读书,蒸蒸向上。已奏准将该三厅理事同知,改为抚民要缺,并于多伦移驻武职大员。添设三厅,捕盗兵弁,保护商民在案。惟学校缺如,士子尚乏进取之路。且塞外民多强悍,尤宜泽以诗书,诱以礼教,俾可化禀质而格愚顽。据潘司崧骏口,北道硅斌以因时制宜设学,诚不可缓。酌拟厅办事宜,详请核奏前来。臣查热河承德府属之平泉、丰宁、滦平、建昌、赤峰、朝阳六州县,初无学校,嗣于乾隆四十一、四十三等年,议准添设汉民学额,每州县岁科考试,各取进文童四名,岁考各取进武童二名。平泉、丰宁文风较盛,各设廪生四名,增生四名。滦平、建昌、赤峰、朝阳各设廪生三名,增生三名。二年一贡,因未设学宫教官。统归承德府,教授曾管其先生。密灵等处,原籍入学各生,改归寄居。平泉等州县管辖内

有现系廪生，令其各保寄居。州县童生，如该州县中现无，改归廪生，暂取地邻保结收考等因。今张、独、多三厅，议设汉民学额，与热河情事相同，拟援照成案：即自光绪八年科考为始，每厅岁科考各取进文童四名，岁考各取武童二名，如佳卷不敷，姑缺无滥。该三处亦比照涞平建昌等县之例，拟各暂设廪生三名，增生三名，二年一贡。现值经费支绌，势难建设学宫教官，拟将张家口厅考试事宜，归附近之万全县。教官兼管独石口、多伦两厅考试事宜，归附近之赤城县。教官兼管府试事宜，即归宣化府知府教授管理。该三厅，本少土著，民人多系他地流寓，应查明已在该三厅属寄居二十年者，准其改归。如该厅考试其先在宣化等州县，原籍入学各生，今改归寄籍者，即不准再回原籍应考。内有现系廪生，令其各保该厅童生，如该厅现无改归廪生，暂取该童生地邻保结收考。俟补有廪生，再由廪生保结，仍严杜原籍，寄籍两处，跨考及附近州县居民。该三厅冒考之弊，如此分离办理。庶边外文教振兴，渐知孝悌忠信之义，殊于地方风俗有裨。其有未尽事宜，容饬该道厅随时察议详办。所有张、独、多三厅拟请添学额缘由，理合曾同顺天学政臣孙诒经恭折具陈。

李鸿章

致昭庆弟

论兴建铁路之益利，并附奏折

　　自海禁开通，中外交涉渐繁。于国墨守旧法，不适于今世，为有识者所公认。圣上前屡遣专使出洋调查，回国后咸以当务之急，莫要于筑铁路。以交通兴国家强富有关，而铁路，尤为交通之根本，如商业运兵无不利赖。兄深然其议，因奏皇上，于天津等处，试办铁路。文曰：

　　窃查铁路之议，历有年所，毁誉纷纭，莫衷一是。臣奕䜣向亦习闻陈言，尝持偏论。自经前岁战事，复亲历北洋海口，始悉局外空谈，与局中实际，判然两别。当与臣李鸿章、臣善庆巡阅之际，屡经请求。臣奕䜣管理各国事务衙门。见闻亲切，思补时难。臣曾出使八年，亲见西洋各国，轮车铁路于调兵运饷，利商便民诸大端，为益甚多。而于边疆之防务，小民之生计，实无危险窒碍之处。近在各国事务衙门行走，于此事更加留意探询，所闻相同。现在公同酌筹，华洋规制，自古不同。铁路利益虽多，若如外洋之偏地皆设，纵横如织，不惟经费难筹，抑亦成何景象。至调兵运械，贵在便捷，自当择要而图，未可执一而论。正权间，据天津司道营员联衔禀称，直隶海五七百里，虽多浅滩沙碛，然小舟可处处登岸。轮船可以泊岸之处，除大沽北塘二口外，其山海关至洋河口一带，沿岸百数十里，无不水深浪阔。大沽口距山海关约五百里，夏秋海滨，水阻泥淖，炮车日行不过二三十里，且有旱道不通之处，猝然有惊。深虑缓不济急。且南北防营太远，势难随机援应，不得不择要害各宿重兵，先据所必争之地，以张国家拒外之威。然近畿海岸，自大沽北塘，迤北五百余里间防营太少，究嫌空虚。如有铁路相通，遇惊则朝发夕至，屯一路之兵，能抵数

路之用。而养兵之费，亦因之节省。今开平矿务局于光绪七年创造铁路二十里，复因兵船运煤不便，复接造铁路六十里，南抵蓟河边阁庄为止。此即北塘至山海关中段之路，运兵必经之地。若将此铁路南接至大沽北岸，北接至山海关，则提督周盛波所部盛军万人，在此数十里间，驰骋接应，不啻数万人之用。若虑工程浩大，集资不易，请将阁庄至大沽北岸八十余里铁路先行接造，再将由大沽至天津百余里之铁路，逐渐兴办。若能集款百余万两，自可分起告成。津沽铁路办妥，再将开平迤北至山海关之路，接续筹办。此事有关海防要工，即或商股一时不能多集，似应官为筹措，并调兵勇帮同工作，以期速成。且北洋兵船，用煤全恃开平矿产，尤为水师命脉所系。开平铁路，若接至大沽北岸，则出矿之煤，半日可上兵船。若将铁路由大沽接至天津，商人运货最便，可收洋商运货之资，藉充养铁路之费。如蒙奏准，拟归开平公司一手经理，以期价廉工省，并请奏派公正大员，主持其事等情，会禀前来。臣等查该司道营员等所请，由阁庄接修铁路至大沽北岸八十余里，均在大沽北塘之后，距海岸尚数十里，实无危险之虑。惟须筹出养路经费，庶可持久，所请由大沽百余里至天津，逐渐兴办，洵足为挹注良法，于军旅商贾两有裨益。平日藉资拱卫，遇事便于援应。即战阵偶不得力，只须收回轮车，折断铁路，埋伏火器，自不虞其冲突。臣等会同商酌，拟请照依该司道营局各员所请举办，仍交开平铁路公司，一手经理。并拟派奏，留北洋差委前福建布政使沈保靖署，长庐盐运使、直隶津海关道周馥督率官商妥办理。计今夏英德两国，订造战舰，可以来华。臣奕䜣明年再赴海口，与臣李鸿章编立海军第一支即，便查看铁路。如果合用无弊，弊将京外开矿各处，均次第仿照兴办。

致 瀚 章

谈刘铭传剿捻军经过

刘铭传于上月十六日以下向高，破捻于潍县之松树山，又破之牟山，捻势渐解。残众向诸城南趋，追至日照地方，枪伤任柱，柱径奔江苏临榆县境，铭传追而破之。有潘贵升者，密信乞降，请杀任柱为进身条件。吾军允之。于是贵升乘任柱不备，以枪洞其腰肋，纵马来降。捻众遂大溃。任柱，亳州人。为捻匪各股之总头目。飘忽善战。既死，余股推赖文光为首。是月捻匪窥黄河，诏抽防军协同直东之师守黄河。捻出没昌滩、寿光之间，屡为我军所败。缘不得志于运防，将窥青济黄河之滨。朝旨恐黄河防军有失，命抽调运防之师协防。自此以往，想捻匪肃清之期不远矣。

禀 母 亲

谈剿捻形势

捻匪在前年分股极多，自上年秋，合分二股。西可小阎王张总愚。陕西东捻鲁王任柱与赖文光等出入豫、鄂、苏、鲁间。为势甚张。自潍县寿光间，屡为官军所败。至临榆而降将潘贵升杀任柱，精锐略尽。而文光率残捻窜扬州，又为吾军击败，并生擒文光，斩于市。于是东捻尽灭。惟西捻声势浩大，一时难以克服。

禀 母 亲

谈因捻军进犯而震动京师及调兵遣将的经过

捻匪张总愚,由陕渡河,犯山西吉安。复由绛州曲沃垣曲山僻小路,窜近豫疆,而出磁州广平,直犯顺德、鸡泽、平乡、巨鹿等处。畿南震扰,以致有干圣聪之怒。诏切责男等均夺职,惟丁宝桢率军先至河间,诏嘉奖。惟男等叨食皇禄,不能分圣上之忧,以致切责,咎无可辞。然羊肠小径,人地生疏,进取为难。彼贼既因男等之所短,纵横骚扰,虽孙武复生,亦所不免也。现捻匪窜扰畿辅,京师震动,实之戒严。诏命恭亲王奕䜣会同神机王大臣办理巡防事宜。旋命各路统兵大臣暨各督抚均归节制。钦差大臣督办陕甘军务左宗棠,由陕追捻入直隶境,遂命总统直隶各路官军。想瀚章哥此刻已交卸旋里矣。

致 瀚 章

谈与捻军作战之局势

初八日命盛京将军都兴阿管理神机营事务，授为钦差大臣，赴天津，会同左宗棠与弟协剿捻匪。初捻匪游弋畿南，弟复议驱之太行、黄河间。既而捻至睿滑，西犯新乡，循河至延津，屡败陕西军与淮军。又自内黄趋东昌、茌平、德州、吴桥、东光，遂至天津。恭亲王奏饬诸将限一月平捻。无何限满，而捻仍不能克。是以左帅与弟均交部亚议，而命都兴阿为钦差大臣，列名在左帅之上，以侍郎崇厚副之。六部会议，奏请戴罪立功，以示宽厚。圣恩浩荡，寻得准奏。于是左帅与弟拜表谢恩，随都将军剿办捻匪。鹤章弟于上月廿六日，上道旋里，遥想已安抵家园矣。

李鸿章

致瀚章鹤章

谈平定捻军的情况

弟建议防守黄运两河。蹙捻海东。而郭松林等屡破捻匪于吴桥等处，运河之防始固。弟以为前东捻在黄河之南，故蹙之河北运西以蹙之于海。今西捻在河北，非扼张秋，不能合围。张秋至临清运河二百四十余里，为黄河倒灌，积淤成平陆。故非引黄入运，则运河无水。因令官军挑睿淤沙，引黄入运。及捻窜运东，遂力主防运。旋捻南下至沧州，亦防运之功。沧州南有捷地坝者，在运河东岸，当减河口，以时启闭。蓄泄济运者也，灭河自捷地坝至海滨牧猪港，计百有余里，横亘东西。水涨足阻敌骑窜津之路。是时运水适盛涨，故督军士开坝导运入减，并就河北筑墙，以为沧、青、静海屏蔽。自此敌骑所至，遂有限制。而郭松林、潘鼎新、周盛波等，又屡败捻匪于海丰、杨丁庄、沙河等处。上月又逼之于老海洼及玉镇福隆寺，水师又败之于高家渡。二十八日诸军挥汗追捻至茌平境之广平镇，圈之于徒骇黄运之间，河汊纷歧，水溜泥陷，于是捻奔走无路，遂将大股歼除。总愚携八骑走至徒骇河滨，下马投水而死。西捻纵横四五年，至是荡平。事闻，左帅与弟等均开复处分，并命弟以湖广总督协办大学士。曾夫子调任直隶总督。马新贻为两江总督。以英桂为闽浙总督。又命开缺兵部侍郎彭玉麟，赴江皖会集长江水师事宜。鹤章弟何期来营，望早日写信与兄，以定行止。

禀母亲

汇报肃清陕西回民义军的情况

去年十二月朝命男驰赴贵州,督办军务,以瀚章兄署湖广总督,正拟动身,而又使先赴陕西,督办陕省援剿事宜。按金积回民马化隆。反仙离信,屡代陕回乞降。而暗嗾其党决秦渠水以阻官军。陕西回民白彦虎,亦由黑城入金积,屡犯官军,被刘松山奋击,而大破之,旋克服灵州。化隆又哀词乞降,陕回不自安,皆西走。又被雷正绾、黄鼎破之于固原州。此去年八月间事也。及男驰抵此地之先,而马化隆遣其党出惠安堡,分由宁州、正宁入陕西之三水,于是陕西告警。朝廷恐左宗棠之兵,不敷分剿,故有是命。男托大人洪福,诸将效力,数战于三水,屡获全胜。而陕西肃清,此次剿办,以刘典奏最立奇功。

禀 母 亲

言因匪乱与外国人发生的争端之事

日来天津有匪徒迷拐人口，人民疑外国教堂所为，并传言有挖眼剖心等事，遂聚众焚毁各国教堂，并殴死法领事丰大业。时适曾夫子以病请假，事发，朝命赴天津查办。法使罗淑亚请以府县官抵偿，否则必大兴同罪之师，以盾其后。曾夫子缘民众聚啸，事出意外，苟准其请，实属有伤国体，遂严拒之。旋因曾夫子病转剧，法国有兵船到津，命男驰赴近畿一带驻扎，以防法人蠢动。又命毛昶熙赶至天津，会同曾夫子查办。嗣仍由曾夫子与法使议结，定正法滋事人民十五人，军流二十一人。天津知府张光藻、天津县知县刘杰，均以坐镇无方，削职遣戍。

禀 母 亲

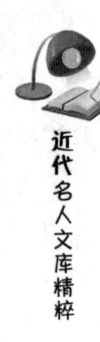

禀报曾国藩、自己和兄瀚章改任的原因

两江总督马新贻,赴署右箭道校阅时,被逆徒张文祥刺伤胁肋,遂卒。事闻,予谥瑞敏。文祥逆徒,讯无主使,处以极刑。朝廷以两江必须老成练达之才震慑,方保无虞,因命曾夫子调任两江总督,以男为直隶总督,瀚章兄为湖广总督。男已于本月二十二日,拜表谢恩,到署受印。曾夫子即于翌日起程,赴两江总督署接缩视事。

致 鹤 章

谈近况风尘劳碌，勉弟侍母训子

朝命裁撤三口通商大臣，归直隶总督经管，并颁给钦差大臣关防，兼辖山东之东海关，奉天之牛庄关。兄以深沐皇恩，遇事必再三慎重，故春融开冻后，将移驻天津，以利兼顾。一俟封河，再还保定省城。并增设津海关道，以震慑东海牛庄两关。吾弟在家，上得奉侍母氏，下得训育子侄，啸傲林泉，方之兄之栗碌风尘，东西奔走苦乐不同矣。

致 鹤 章

谈回人义军首领马化隆之死及其教徒之瓦解

得报，官军攻破积金堡之后，刘松山死于兵。正在军事得手之时，而遂失干城，为之痛哭。马化隆自此以后，遣党四扰，牵动围师，屡却官军；并陷峡口，又结河狄回走渭源，窥巩昌。所幸刘锦棠等，攻守有方，邀击占胜。乃傍垒筑堤，北自黄渠，南抵积金里许，高丈余，阔三丈。回民不得逞，遂大窘。化隆率其子耀邦乞抚，锦棠勒缴马械，不从。嗣又屡败其出犯之众，断其粮道。至是，东南北三面，回寨皆平，外援已绝。于是化隆亲诣锦棠军营，负刀请罪。锦棠派弁守之，令缴马械，毁堡垣，余众皆降，分别安插。锦棠以化隆反复无常，如抚而不罪，久后难保不变。于是以迅雷不及掩耳之手腕，凌迟处死。化隆之父曰马二，与穆三之祖穆大阿浑善。穆大阿浑传习新教，临死以所服白帽红衣授化隆，嘱徒众归伊管束。穆三与其弟穆四、穆五，均为新教阿浑。自京师至天津，及黑龙江吉林之宽城子，山西之包头，湖北之汉口，均有其徒众。化隆自托神灵，群回尊信之。此就俘，其党见之，犹长跪。死后，回党遂瓦解。

致 鹤 章

哀悼老师曾国藩之不治身亡

曾涤生师自九江劳师，旋回南昌，遂以病入膏肓，扁、佗束手，而于十二月十六日寿终。予谥文正。呜呼，吾师讲义理学，宗尚考据，治古文辞，谋国之忠，知人之明，昭如日月。生平公牍私函，无一欺饰语。治军行政，务求踏实。或筹议稍迂，成功转奇。发端至难，取效甚远。凡规划天下事，鲜不效者。竟以天不愿遗，黯然长逝。中流失柱，滔滔如何。兄等后学，隐鹄昌依。提之携之，端在元老。一朝仙去，不复归来。为公为私，肝肠寸裂。兄本拟为文哭之，无如一字落墨，泪寄千行，不得成句读。而为之搁笔者再。日来心绪稍宁，作联以哭之云："师事三十年，薪尽火传，筑室忝为门生长。名震九万里，内安外攘，旷代难逢天下才。"吾弟居家无事，可以涤生夫子之平生事绩，为我代草一篇，以尽阿兄师生之谊。兄久不得瀚章哥来书，未卜家中得音信无闻否？梓桑状况，望不嫌其详，写信告我。

致 鹤 章

谈滇案审判的前后经过及烟台条约的签订

兄于六月上旬，奉命为全权大臣，赴烟台与英国使臣威妥玛会商滇案，已于十八日莅此。滇案为英翻译官马嘉理，领总理各国事务衙门护照，往缅甸迎印度派来副将柏印等。既遇，折还云南。一月行至腾越厅地方，被匪徒所戕。而英人指为署云贵总督岑毓英所使，要挟多端，强词夺理，无以复加。五月间，派瀚章兄入滇查办，又派薛焕帮同办理。旋瀚章兄等覆奏，谓马嘉理由缅还滇，中隔野人土司地界，该处向多匪徒，与野人勾结，劫掠行旅，虽经官军屡次进剿，卒以路径生疏，不得如愿。当时马嘉理由滇赴缅，经地方官妥为护送，故履险如夷。嗣由滇还缅，未知照地方官，致匪徒乘隙，而为劫杀。地方官并无调兵阻止及指使戕害事情。总之，马嘉理遭生不测，有违旅行条件。曲在彼方，与我地方官风马牛不相及也。乃英使威妥玛与总理衙门王大臣会议，仍坚求将全案人证提京覆讯。王大臣等不允，遂于四月出京。因此命兄俟其到京时，与之互商。既而威妥玛至烟台，又命兄赴烟台与议。及至会商，威妥玛仍坚执事由岑毓英主使，要求将全案人证提京。是时适俄德美法等国使臣均在烟台，公论亦以无确实凭据，力请提京，为非礼举动。威妥玛始知相持不下，必为众矢之的。方允另议办法，旋订会议条款三项，专款一条。奉旨允准，滇案遂结。计第一项，昭雪滇案。第二项，驻京大臣及各口领事与吾国官员往来之礼，及审办案件交涉事宜。第三项，通商事务又拟明年派员赴西藏探路，请给护照。列为事款。此条约，因在烟台议订，即名为《烟台条约》。

禀 母 亲

述与英方谈判修筑铁路之事

前日调瀚章兄为湖广总督,以丁宝桢为四川总督。想瀚章兄现在已交代完后,向武汉进发矣。男奉诏与威妥玛妥商收还英国商人所筑上海达吴淞之铁道。缘英人擅筑铁路,虽沈葆桢等照会领事阻止之,何奈该领事多方偏护,置之不允。后由各国事务衙门商之威妥玛,亦不允。于是命男与之妥商。会议多次乃定以二十六万五千两买断。行止听吾国自便。瀚章兄到武昌后,如派人迎母亲大人到署,请以途中情形,令瀚章兄写信与男。以慰游子之思。

示 文 儿

论思教育,提倡学习现代文明

年来国势日非。吾等执政,虽竭力谋强盛,然未见效,深为可叹。国人思想受毒根深,忽然一旦变化,固非易事。然受外人之凌辱,国人未能反省,非愚且钝乎?受人凌辱之原因,莫外乎不谙世事,墨守陈法。藏身于文字之间,而卑视工商。岂知世界文明,工商业较重于文字。窥东西各国之强盛,无独不然。今当局者渐醒,于是有遣使出洋考察之议。然考察而未能仿行,等于不察;欲仿行而仍假手于外人,等于不仿。故曾夫子涤生等,有上疏拟选聪颖子弟出洋习艺事,各专所学,报效于国家也。或谓天津、上海、福州等处,已设局仿造轮船、枪械、军火;京师设同文馆,选满汉子弟,延请学者教授;又上海开广方言馆,选文章肄业。似中国已有基础,无须还涉重洋。不知设局、制造、开馆,所以图振励之基也。远适肄业,集思广益,所以收远大之效也。西人学求实济,无论为士、为工、为商,无不入塾读书,共明其理。习见其器,躬亲其事,各致其心思巧力。选相师授,期于月异而岁不同。中国欲取其长,一旦遽图尽购其器,不惟力有不逮,且此中奥妙,苟非遍览久习,则本原无由洞澈,曲折无以自明。古人谓:学齐语者,须引而置之庄岳之间。又曰:百闻不如一见。此物此志也。况诚得其法,归而触类引伸。今日所为孜孜以求者,不更扩充于无穷耶?余然曾夫子之说,附其后,因疏圣上,并筹办法。吾儿身体不佳,宜自保重。每日工作,宜有定时,弗过度。余年老力衰,耳眼不灵。疏忽之处颇多,可恨可恨。

李鸿章

寄 季 弟

论国内译界现状，言办外国语言馆之重要性

　　客秋致弟信内，有设外国言语馆事。因再抄录奏本，以明终始。文曰：窃臣前准总理衙门来咨，遵议设立学习外国语言文字学馆等因，伏维中国与洋人交接，必先通其志，远其欲，周知其虚实诚伪，而后有称物平施之交往。互市二十年来，彼酋之习吾语言文字者不少，其尤者能读我经史，于朝章、宪典、吏治、民情，言之历历。而我官员绅士中，绝少通习外国语言文字之人。各国在沪均设立翻译官一二员，遇中外大臣会商之事，皆凭外国翻译官传述，亦难保无偏袒捏架情弊。中国能通洋语者，仅恃通事，凡关军营交涉事务，无非雇觅通事。往来传语，而其人遂为洋务之大害。查上海通事一途，获利最厚，于士、农、工、商之外，别成一业。其人不外两种：一、广东、宁波商伙子弟，佻达游闲，别无转移执事之路者，辄以学习通事，为逋逃薮。二、英法等国。设立义学，招本地贫苦童稚，与以衣食，而教肄之，市儿村贤，来历难知，染洋泾习气，亦无不传习彼教。此两种人者，类皆资性蠢愚，心术卑鄙，货利声色之外，不知其他。且其仅通洋语者，十之八九。兼识洋字者，十之一二。所识洋字，亦不过货名价目，与俚浅文。不特于彼中兵刑、食货、政治，瞢焉无知；即遇有交涉事宜，词气轻重缓急，往往失其本旨。惟知藉洋人势力，播弄挑唆，以遂其利。欲蔑视官长，欺压平民，无所忌惮。即如会办防堵一节，闲与通习汉语之大酋晤谈，尚不远乎情理。而琐屑事件，不能一一面商。因而通事，假手其间，勾结洋人，为分肥之计。诛求之无厌，挑斥消之无理，支销之无艺，欺我聋喑，逞其簧鼓，或遂以小嫌酿大衅。洋务

为国家怀远招携之要政，乃以枢纽付若辈之手，遂至彼己之不知，情伪之莫辨。操纵进退，讫不得其要领，此非细故也。京师同文馆之设，实为良法，行之既久，必有正人君子，奇尤异敏之士，出乎其中。然后尽得西人之要领。而思所以驾驭之绥靖，边陲之原本，实在于此。惟是洋人总汇之地，以上海、广东为最，种类较多。书籍较富，见闻较广。语言文字之粗者，一教习已足。其精者，务在博采周咨，集思广益，非求之上海广东不可。故行之他处，犹一齐人傅之之说也。行之上海广东，更置之庄岳之间之说也。臣愚拟请仿照同文馆之例，于上海添设外国语言文字馆，选近郡年十四岁以下，资禀聪颖、根器端静之文童，聘人西教习。兼聘内地品学兼优举贡生员，课以经史文艺。学成之后，送本省督抚考验，请作为该县附学生，准其应试。其候补佐贰、佐杂等官，有年少聪彗愿入馆学习者呈明，由同乡官出具品行端方切结送局，一体教习，藉资照料。学成后，亦酌给升途，以示鼓励。均由海关监督，督筹试办，随时察窍，具详。三五年后，有此一种读书明理之人，精通番语，凡通商督抚衙门，及海关监督应添设翻译官。承办洋务者，即于学馆中遴选，承充庶关税军需，可期核实，而无赖通事亦可敛亦矣。夫能商纲领，固在总理衙门。而中外交涉事件，则两口转多。势以八旗学生兼顾，惟多途以取之，随地以求之，则习其语言文字者必多。人数既多，人才斯出。彼西人所擅长者，推算之学，格物之理，制器尚象之法，无不专精。务实勒有成书，经翻者十才一二，必能心阅其未译之书，方可探绩索隐，由粗显而入精微。我中华智巧聪明，岂出西人之下。果有精熟西人，转相传习，一切轮船火器等巧技，当可由渐通晓。于中国自强之道，似有裨助。

寄鹤章弟

论治黄河水害之大计

黄河为吾国一大害，缘水性固急，不能立时流下，即有口决之患。两岸居民，饱受其祸。于冬季水涸之时，河底竟无滴水。历朝每欲止其祸患，而不可得。兄仰受圣上之旨，默察利弊之所在，作根本之补救，覆奏卸前。文曰：窃臣承准军机大臣字寄，同治十二年二月初一，奉上谕："前因乔松年奏筹办黄运两河情形，文彬、丁宝桢奏请，仍挽复淮徐故道；并御史游百川奏，河运并治，宜详筹妥办等情。当经降旨，交军机大臣、六部九卿妥议具奏等因。钦此。"仰见圣虑周详，实事求是，钦悚莫名。臣自少壮奔走南北，嗣督师追贼，往来河上，迭就黄运两河，筑围圈贼。虽于河务非所素习，而阅历变迁，讨论掌故；采择众议，略有见闻。奉命后复遴派干练耐劳之员，分投前往，访察测量。兹谨悉心妥议，为我皇上详细陈之。伏查治河之策，原不外恭亲王等所奏。审地势，识水性，酌工程，权利害四语。而四语之中，尤以水势顺逆为主要。现在铜瓦镶决口，宽约十里。跌塘过深，水涸时深逾三丈。旧河身高决口，以下水面二丈内外，及三丈以外不等。如其挽河复故，必挑深引河三丈余，方能吸溜东趋。查乾隆年间。兰阳青龙冈之役，费帑至二千余万。大学士公阿桂奏言，引河挑深一丈六尺，人力无可再施。今岂能挑深至三丈余乎？十里口门，进占合龙，亦属创见。国初以来，黄河决口，宽不过三四百丈，尚且屡堵屡溃，常阅数年而不成。今岂能合龙而保固乎？且由兰仪下，抵淮徐之旧河，身高于平地约三四丈，因沙成堆，老淤坚结。年来避水之民，移住其中。村落渐多，禾苗无际。若挽地中三丈之水，跨行于地上。三丈之

河，其停淤待溃、危险莫保状，有目者，无不知之。而岁久干，堤即加修治，必有受病不易见之处。万一上游放溜，下游旋决，收拾更难。议者或以河北走，则穿运，为运道计，终不能不挽之南行，以会清口。臣查嘉庆以后，清口淤垫，夏令黄高于清，已不能启坝送运。道光以后，御黄竟至终岁不启，遂改用灌塘之法。自袁浦泄黄入湖，湖身顿高，运河水少，灌塘又不便。遂失次奉行海运。彼时河务运务，实有岌岌不可终日之势。盖自明末迄国初，借清刷黄，颇蒙其利。厥后河淮不能合流，天时、地利、人利三者皆穷。今即能复故道，亦不能骤复河运，非河一南行，即可侥幸无事也。恭读道光八年十二月初五日上谕："江境御黄坝上下一带，黄河积年淤垫，以昔证今，已成不可补救之势等因。钦此。"圣虑周详，早已洞悉无遗。此淮徐故道，势虽挽复。且于漕运无甚裨益之实情形也。河臣乔松年所拟，就东境束黄济运一节，臣查当年清口淤垫，即是借黄济运之病。乾隆二十三年八月谕河臣白钟山曰："引黄入运，黄水多挟泥沙。一入运河，易至淤塞，非甚不得已，不可轻为此迁就之计。"嘉庆十五年十二月十九日谕河臣陈凤翔曰："因利漕先已病河，权其轻重，宁使暂时剥运渡黄，必不可复用借黄济运之计各等因。钦此。"道光五年，洪湖溃泄，两江督臣孙玉庭复议引黄济运。数渡之后，即见填淤，起剥磨浅，卒至未终其事。是历朝圣训，诏垂至明至确。往事覆车，可为永鉴。今张秋运河宽仅数丈，两岸废土如山。若引重浊之黄，闸坝节宣用之水势，抬高其淤倍速，人力几何，安能挑此日进之沙？且所挑之沙仍堆积于废土之上。雨淋风荡，河底日高，闸亦壅塞，久之，黄必难引。明臣万表刘天和等，佥以此事害多于利，非淤即决。譬之以病为药，以狼兵寇，语殊痛切。同治初年，荆隆口、铜瓦厢等处，屡次大决，皆先因引济张秋之运，遂致导隙滥觞。临清地势，低于张秋数丈，而必谓后无掣溜夺河之害。臣亦不敢信也。至霍家桥，堵口筑堤工程尤不易办。该处本非决口，乃大溜经行之地，两头无堤无岸，一望浮沙，并无真土可取。若兴作于茫茫沙水之中，目前无从起手，无从立脚。即勉强沙堆，节节逼溜下作，窃恐浮沙易塌，适足撄河之怒，而所耗实多。日后防守难资，终为痼疾；一遭陷水，仍别穿运道，而不专务张秋，岂非全功尽弃？至同知蒋作锦所拟导屯济运原因，张秋以后，无清水灌运，故为此议。惟查元村集迤南有黄河故道，地多积沙，施工不易。且以全淮强不能敌，黄尚致倒灌停淤，岂清浅之卫，遂能御黄济运耶？彼其意在袭取山东诸水济运之法。不知泰山之阳，水皆西流，因势流导十六州县，一百八十泉之水，源旺派多，自足济运。卫水来源甚弱，北流最顺，今必屈曲注之南行。一水何能两分其势，实多不便。况平时浅可胶舟，涨时流甚运浑浊。若拦河作闸，一遇伏秋盛涨，闸必冲决，新渠必淤。即幸不决不淤，而使上驶之芦盐督下运之豫粮，及来往商船，皆停阻而听命于闸，势不能行。若令芦盐，改由临清运河入豫，则三省盐纲紊乱，窒碍尤多。若欲分沁入卫，以助其深，而沁水猛浊，一发难收。昔人已有明戒，豫民必多惊惶。若必多方更变，另谋引水灌运，必致如南河清口故事，徒增漏卮，无可持久。此借黄济运，及筑堤东水工程，均无把握。与导卫济运难行之实在情形也。惟河既不能挽复故道，则东境财赋，有伤水利，有碍城池，难于移置。监场间被漫淹，如抚臣丁宝桢所奏各节，均属可虑。臣查大清河，原宽不过十余丈。今自东阿鱼山下，至津利河道，已刷宽半里余。冬春水涸，尚深二三丈。岸高水又二三丈。是汛时河槽能容水五六人矣，奔腾迅疾，水行地中，此人力莫可挽回之事。亦祷祀以求，而不易得之事。目下北岸，自齐河至利津南岸，齐东、蒲台民间，皆接筑护埝。迤逦不断。虽高仅丈许，询之土人，每有涨溢出槽。不过数尺，尚可抵御，并无开口夺溜之事。岱阴之水，如绣江等河，亦经择要筑堤。汛至则涨，风退则消，受灾不重。至如齐河、济阳、齐东、蒲台各县城，近临河岸，十九年来，幸官民防守无恙。以后可守则守，不可守则退，似应随时相势设施。若于此时骤议迁徙，经费无筹，民情难喻，无此办法。惟郓城一县，地本洼下，现已沦没水中，须筹移置东省。盐场、在海口者，虽受黄淤，产盐不旺。经抚臣竭力经营，南运、胶莱之盐，时为接济。引地无虞淡食，惟盘剥多费，价值稍昂耳。夫河在东省固不能云无害，但得地方官补偏救弊，设法维持，尚不至为大患。昔乾隆十八年铜山决口，不能收功。尚书孙家淦有分河入大清之疏，乾隆四十

六年兰阳大工屡败垂成，大学士嵇璜又有改河行大清之疏。此外裘日修、钱大昕、胡家绪、孙星衍、魏源诸臣，议者更多。其时河未能北流，尚欲挽使北流。今河自北流，乃转欲挽使南流，岂非拂逆水性？恭读嘉庆十六年八月十二日上论："河南近年以来，年年漫口。前此已糜费三千余万，均经竭力措支办理，毫无成效。今复巨工迭出，数将千数。国家岂能以有限之帑金，注无常之漏卮？等因。钦此。"大抵河南堵筑一次，通牵引约费七八百万。统计工需，已在官禄之粮。民欠之上，实为无底之壑。盖因阿身日高，水行不顺。虽穷天下为力，而不能必保安澜。今河北徙，近二十年未有不变，亦未有多费修款。比之往代，已属幸事。且环拱神京，尤得形胜。自咸丰五年铜瓦镶东决后，粤捻诸逆，穷扰漕济，几无虚日，未能过河一步。而直东北岸防堵有此凭依，稍省兵力，更为畿辅百世之利。而两相比较，河在东虽不亟治而后患稍轻；河回南，即能大治。而后患甚重这实在情形也。近世治河，兼言利运，遂致两难，卒无长策。元明大河南行，始能开会通，以运漕至河北。徙则无如运河，断难一治而两全。事穷则变，变则通。为今之计，似不得不出于河自河、漕自漕。现在议漕政者，鲜不以规复章为望。然此两言，可以决耳。运河有水可漕，无水则不可漕。水能分其自然之有余者，以利济漕船，则可漕。反是则不可漕。同治初年，大溜全趋张秋，尚能灌运。嗣流势南滚，运堤节节穿断，漕船绕坡河至八里庙，而黄水不能入运。不得已引沟胜雨水，逐段倒塘灌放。难险已极，岂可一再尝试？即运河黄淤，岁积岁挑，亦难久行。若以全漕阻聚河干，幸此无常之水，其所害又非徒劳费已也？若如前人所议，漕船顺河而东，由利津渡海入天津，取道固捷，但江船不能涉河，河船不能放洋，势难强为。若仿前代置仓设艘之法，建仓设官，一不得入，便滋流弊。而由张秋至临清，陆挽二百余里，车牛盘兑之烦费，阴寸霉变之折耗，何可胜计？且北路亦无许多驳船，可备接运。反复筹维，竟无别有利运之术。臣愚以为天庾正赋，惟苏浙为大宗。国家治安之道，尤以海防为重。当今沿海数千里，洋舶骈集，为千古以来创局，已不能闭关自治。正不妨借海道转轮之便，逐渐推广，以扩商路而实军储。苏浙漕粮，现既统由海运，臣前招致华商，购造轮船，搭运颇有成效。江广等省，自军兴后，奏改减价折漕，民心大定。若复徵解本色，苦于运费无措，加之于民。则必滋事变；取之于公，又无此闲款。似应暂准照章折解，仍由各督抚随时体察情形。如可酌提本色若干石，即运沪由海船解津，较为便速。如京仓尚有不足，更随时指拨漕折银两。由南省采省运津，或派员在天津招商采办，亦尚合算。应请旨饬下户部，从长计议，妥筹办理。至运道虽不能畅通，河务亦未可全废，此时治河之法，不外古人"因水所在，增立堤防"一语。查北岸张秋以上至开州境二百余里，有古大金堤可恃为固，张秋以下抵利津海口八百余里，岸高水深，应由山东抚臣随时饬将原有民埝，保护加倍。南岸自安山下抵利津，多傍泰山之麓，诚为天津屏障。惟安山以下至曹州府境二百余里，地形较洼，为古钜野泽，即宋是八百里梁山泊也。自宋元迄我朝，凡河决入大清之年，无不由此旁注曹单钜野金乡各邑。甚至吞湖并运，浸溢数十州县，波徐淮为害甚烈。其侯家林决口，现虽堵筑坚固，惟上下一百余里之民埝，高者丈余，低者数尺，断难久恃。此处若有一失败，西南之运道水渠，复被冲淤；庐舍民田，更遭荡析，其患不可胜言。且黄河流分势缓，北路原行通畅入海之道，亦恐渐形淤浅，或生他变，相应请旨。敕下山东抚臣丁实宝，于秋汛后，悉心勘估，酌筹款项，将侯家林上下民埝，仿照官堤办法，一律加高培厚。若能接筑至曹郡西南，责成地方印委，设法守护，更为久远之计。沿河各州县民、人、田、地，沧入正河十余年，情殊可悯。查明分别蠲缓钱粮。海口盐场商运各事，并随时酌量，变通安办。又铜瓦镶决口，现已冲宽十里，水势犹日向东坍刷，若不设法约束，久必泛滥南趋。至决口以下，兰仪、东明境内，地势平衍，现虽刷有沟槽而中洪不深，大汛漫滩，仍东西坍涨不定，亦不可无遥堤。以杜窜越，拟请敕下河东督臣乔松年就近察看形势。应如何量筑堤埝，与东省曹州之堤相接，俾资周防，而期顺轨。计自安山上至铜瓦镶决口，接东南堤，距北金堤，约六七十里，宜作为遮束之势。去水较远，取土较易，工费较省。此六七十里中，大水所常漫者，不过二三十里；所急流者，不过三五里。任其淤波荡漾，宽缓水势，以渐趋

下游。宽半里深数丈之大清河，则缓急得以节宣，不至逼激冲突，别寻去路，斯为稳著。其堤内河内民田，仍可随时视溜势之远近，地势之高低，抢种麦禾，不至全无收获。似于民生，亦无大碍。至淮徐故道，涸出旧河身千数百里，水不复行。居民占种，年年丰收。并请敕下江苏、河南、山东各省督抚，分委妥员会同地方官查明，酌议升科，以免私官渎职之患。所有遵旨筹议黄运两河情形，谨据管见，详细据实覆陈。

友人同僚篇

致曾国荃

对竞争者表谦逊

　　东吴请兵之使数至，师门始以麾下得胜之师允之。嗣因内举避亲，复以不才应诏。鸿章庸陋，岂知军国大计，近年久伏幕中，徒党星散，立时募练其何能军？幸迭次寄谕，催令吾丈同赴下游。当代贤豪投契之深，无如麾下，师资得借，懦夫气增。乃窃闻侍坐之言，似我公无意东行。鸿章欲固请之，未知有当于高深否耶？

致潘鼎新

谈编练淮军事

帅（曾国藩）意将令阁下照湘军营制募练五百人，其口粮与张山樵（张遇春）之淮勇一律。所虑楚军不用长杆火枪，专用抬炮小枪，轻重大小，毫不参差，步伍连环，须有约束，阁下所部，未必即能降心相从耳。如愿习此间队伍纪律及扎营之神速，请赐回示，再行专札调赴皖省，勤加训练。楚军招募，准领枪炮、器械、帐棚，起程时支小口粮，勇夫每日给钱百文，到营点名后给大口粮。前寄上营制刊本，可覆按照请也。……余属振轩（张树声）详致不一。

致曾国藩

对曾之举荐与提携表示感谢

十月二十五日,戌刻接奉廷寄,十二日奉旨补授苏抚,恩纶奖勖,非分宠荣。自顾何人,愧悚无地。此皆由我中堂夫子积年训植,随事裁成,俾治军临政,修己治人,得以稍有涂辙,不速颠覆,……实不知所以为报,伏乞远赐箴砭,免从愆咎。

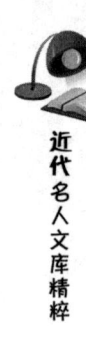

复陈子奉观察

发受人弹劾之牢骚

自殷兆镛奏稿发钞,知者咸为不平,不知者藉以吓制,而吴人或因此造谣抗闹,鄙人别无他计,作一日官,带一日兵,即办一日厘捐,与其病农,不如病商,况非真病也。如有旨离任督剿,必请责成后来者为办厘饷,否则必另拨有著之饷,否则弃军撤官可也。

致 友 人 书

受命剿捻而心有所虑

此间叠奉批谕,督师河洛,自为门户起见,不知捻逆大股尽窜东徐。其张总愚一支留南阳者,尚非悍众,豫楚诸军当足制之。鄙人于西北形势生疏,而所部各军尽调归爵相四镇之内,冒昧前去,非特迁地弗良,岂忍夺爵相已成之局,诸将闻弟视师,必皆舍彼就此,一军两帅,牵制殊多,况饷源全恃吴中,付托非人,转运接济终必匮乏,恐于前敌无甚裨助,而东南全局先自动摇。

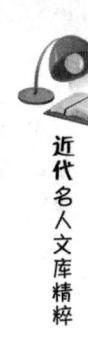

上 曾 相

谈与曾国藩对调问题

顷于雨亭专差递函，附呈钧察。师门回任，此间亦多此议。鸿章深以为然。惟前次叩送时，奉谕决不回任，故不敢拟议及之。若朝廷即照目前局面，勿急更调最好。而鸿章恐贻贪位避难之际，迫不得已仍照雨亭所拟，请以鸿章代吾师剿贼，如尊意肯俯徇众望，回驻金陵，则后路大局，满盘俱活，不致掣动，此必待请示而后敢行，伏乞明训。

致马新贻

意欲退职归隐、种田钓鱼

弟为养此军,平中原之贼,而冒中外之韪,吴人之怨毁,今幸名当已了,撤军归农是吾素志,此后扁舟垂钓,不复与闻军事,可告无罪。或谓宜留骁健,以备后患。涤相亦请留二万余人,未知主人翁能不惮烦否?

复朱文香学使

论庸人不知国情

外国猖獗至此,不亟亟焉求富弱,中国将何以自立耶?千古变局,庸妄人不知,而秉钧执政亦不知,岂甘视其沈胥耶?鄙人一发狂言,为世诟病,所不敢避。

复孙竹堂观察

论京官不识外事，偏又喜谈外事

直省添设巡抚，言者三条，细按均未著实。吏治须藩臬帮助，巡抚只多一办例稿之人，即多一意见掣肘之人。军务本总督专责，巡抚无兵亦不知兵，从何策应？河工虽钦差大臣防护，亦不能不溃决。京官不识外事，偏又喜谈外事，言之娓娓动听，丝毫不关要害。若为复设三口游说，更为诡诈难测，官民皆穷，万万供养不起。曾文正于归并通商时，曾力持不可添巡抚之议。不料旧话重提，新样大翻，潞公识虑迥超庸众，谅能主持一切。鸿章私幸议准，即常驻津门，作一局中闲人，进退绰有余裕矣。

上奏清廷折

论列强之侵略本质

　　欧洲诸国百十年来,由印度而南洋,由南洋而东北,闯入中国边界腹地,凡前史之所未载,亘古之所未通,无不款关而求互市,我皇上如天之度,概与立约通商,以牢笼之,合地球东西南朔九万里之遥,胥聚于中国,此三千余年一大变局也。

　　历代备边,多在西北,其强弱之势,客主之形,皆适相埒,且犹有中外界限。今则东南海疆万余里,各国通商传教来往自如,麇集京师及各省腹地,阳托和好之名,阴怀吞噬之计,一国生事,诸国构煽,实为数千年未有之变局……

复刘秉章

为谈洋务辩

处今日喜谈洋务,乃至之时。人人怕谈厌谈,事至非张皇即卤莽,甚少不误国。公等不可喜谈,鄙人若亦不谈,天下赖何术以支持耶?中国日弱,外人日骄,此岂一人一事之咎!过此以往,能自强者尽可自立,若不自强则事不可知。

复黎庶昌

中日两国官制之比较

寄示改正官员录,逐一展悉。名首内阁,似拟中朝官兼爵,实缘唐制。陆军、海军、农商、递信诸省,全用泰西。大抵有一官办一事,大官少,小官多,最为得法。一部廿四史,自汉书百官公卿表后,更不复见此等制度,故西汉最富强而治独近古也。自此以降,日益冗烦,至于今日,高资华选大半养望待迁之官,尤有甚于荀公曾、颜清臣之所议,如此事何由治?

复袁世凯

谈坚决不退休

慰廷：

尔乃来为翁叔平作说客耶？他汲汲要想得协办，我开了缺，以次推升，腾出一个协办，他即可安然顶补。你告诉他，教他休想！旁人要是开缺，他得了协办，那是不干我事。他想补我的缺，万万不能！武侯言"鞠躬尽瘁，死而后已"，这两句话我也还配说。我一息尚存，决不无故告退，决不奏请开缺。臣子对君上，宁有何种计较？何为合与不合？此等巧语，休在我前卖弄，我不受尔愚也。

致 吴 永

论官场之"挺经"

袁世凯，尔不知耶？这真是小人！他巴结翁叔平，来为他作说客，说得天花乱坠，要我乞休开缺，为叔平作成一个协办大学士。我偏不告退，教他想死！我老师的"挺经"，正用得着，我是要传他衣钵的。我决计与他挺着，看他们如何摆布？我当面训斥他，免得再罗唣。我混了数十年，何事不曾经验，乃受彼等捉开头耶？

致吴永

自论终身政绩

我办了一辈子的事,练兵也,海军也,都是纸糊的老虎,何尝能实在放手办理?不过勉强涂饰,虚有其表,不揭破犹可敷衍一时。如一间破屋,由裱糊匠东补西贴,居然成一净室,虽明知为纸片糊裱,然究竟决不定里面是何等材料,即有小小风雨,打成几个窟窿,随时补葺,亦可支吾对付。乃必欲爽手扯破,又未预备何种修葺材料,何种改造方式,自然真相破露,不可收拾,但裱糊匠又何求能负其责?

致毛鸿宾

言自己无缺可补，暂系国藩戎幕

寄云年伯大小尊右：

巴河叩送台旌，岁华煦易，梦毂时索。迭次借读致涤帅书，详知动定，鹿鹿久缺申候，殊衰侃愧。昨在章门奉赐缄，渥荷藻饰，汗悚更无以为喻。伏审年伯大人政祉蕃多，苾歆炳焕，布岘首之惠泽，招鹿门之隐徒，他日封圻事业，肇基于此，引瞻杖履，莫罄榆芬。

侄直年腊底回江省侍慈亲，因奉延建邵遗缺之命，亦欲挈家之官，料理衣装，春仲方来营清咨，适接闽信。当事以鸿章从军，一时难于赴任，此缺业经由本省候补人员中请补，无缺可遗；即到省，须候有缺另补。侄筹维进止，与其赋闲听鼓于人地生疏之处，不若磨盾滥竽于戎幕闲寂之中，故我依然虚舟暂系。夙承肫爱，缕以奉报。可亭年伯近在何处？念极念极。手复，只叩崇安。世兄读书当益精进。

年家子李鸿章谨启
三月晦日宿松军中

李鸿章

致毛鸿宾

述江浙战事

寄云年伯大人阁下：

　　展奉赐翰，猥以姑苏告克，过辱奖言，盥读之余，感惭交集。敬审智珠在握，洞见贼情，运硕画于先机，奏奇功如反掌；遥想飞驰露布，喜动天颜，懋被恩纶，荣膺带砺，慰曷任！

　　侄自会垣，如恒栗六。三舍第攻拔〔无〕锡、金〔匮〕以后，旋即进军常州。前部垒于奔牛，以扼要害。日前忠、护、侍各逆，并锐来扑，加以痛剿，大挫贼锋，当可渐次得手。嘉兴各属邑亦经次第收复，全局似有转机，尚足告慰厪注。贺县丞见赏有素，自当留意，以副荩杯。献岁发春，恭贺新禧。伏惟曼福。不宣。

年愚侄李鸿章顿首

致刘于浔

述江苏战事

养素年伯大人麾下：

顷奉复函，猥以一束生刍，尚烦齿谢，回环雒诵，渐感交荣。敬审威望懋昭，屏藩倚重；阶崇薇柏，俯从河内之攀辕；功庇梓桑，暂缓汤阴之庐墓。顺昌旗帜，诚意韬钤，简在有真，为国自爱。

此间自八月朔日攻克江阴，随于无锡东北各乡联营进扎。适忠、侍各逆自金陵回援，始纠叛夷白齐文扑犯荡口，嗣纠嘉〔兴〕、湖〔州〕各悍贼绕窜平望。屡加痛剿，擒斩数万，其技颇穷。苏〔州〕、〔无〕锡之交，近复连获胜仗。程方忠军门，现已围攻苏州娄、齐、盘、胥四门，城贼益形危蹙，或可渐次得手。泐复，布颂勋祉，统希惠照。不宣。

致何廉舫

谈江西军事

廉舫仁兄大人阁下：

别来甚为怅念，马君来奉手书，敬审履新伊迩，筹虑万全，无任企慰。

顷接家兄来信，拟俟执事莅任，先派五百人至吉〔安〕，借壮声援。如上游防务少松，或吉边有警，仍可多分一二营协助。我兄接到复音，想已星速束装。陈镇军水师百战名将，部下多得力哨弁，吉河须整顿水师，望随时商请指示。丁明府干练熟手，想可禀留襄助矣。皖营初一大捷，十三贼垒围剿净尽，杀贼实有八千余。鲍军随胡宫保进剿北岸，一时尚难渡江。希帅由崇〔阳〕、通〔城〕进战，或将驱忠贼一股逼入赣江左右，然总在秋矣。师门颇以吉郡为虑，望竭力维持之耳。复叩任喜，余不一一。

弟鸿章顿首
六月初十日

咨文批札篇

李鸿章擢余思敏尽先补拔把总批札

同治二年十二月十八日（1863年1月28日）

太子少保后部侍郎江苏巡抚部院李为

札饬事：照得同治元年十二月间官军收复常、昭，本年二月间常、昭固守解围，并节次克复太仓、镇洋、昆山、新阳、吴江、震泽等州县，福山、杨舍等城，及会剿江阴、无锡交界大股援贼先后七案，所有在事出力之员弁、兵勇，亟应分别给奖。查有六品军功余思敏，随剿出力，应给予把总尽先拔补并戴蓝翎，以示鼓励。除咨部注册外，合行给札。札到该弁即便遵照祗领，务须益加奋勉，毋负奖励。切切，特札。

李鸿章擢余思敏以守备尽先选用批札

同治三年十一月二十日（1864年12月2日）

太子少保兵部侍郎江苏巡抚部院一等伯李为

恭录饬知事：照得本爵部院，于同治三年九月初三日，在苏州省城由驿驰奏，遵旨查明克复苏州省城及江阴、无锡、金匮等县，枫泾、西塘、平望等镇，并浙省之平湖、乍浦、海盐各城，及历次血战解围出力之水陆各营文武员弁、兵勇、地方团练员董汇案保奖一折，九月十八日准兵部火票递回原折，内开议政王军机大臣奉旨，另有旨。钦此。兹于九月二十六日，奉到同治三年九月十一日内阁奉上谕，余思敏著免补千总以守备尽先选用等因。钦此。合行恭录。饬乱札到该员即便钦遵。特札。

李鸿章擢余思敏以游击实用批札

同治四年十二月十一日（1866年1月27日）

太子少保署理两江总督部堂江苏巡抚部院一等伯李为

恭录饬知事：照得本署部堂于同治四年九月初八日，由驿具奏，遵旨查明克复宜、荆、溧阳、嘉〔兴〕、常〔州〕等城，及调援江阴、常熟、无锡力战解围，截剿杨舍、金坛窜贼，水陆各营员弁及团练筹饷官绅汇案请奖一折。九月二十二日，准兵部火票递回原折内开，军机大臣奉旨，另有旨，钦此。兹于十一月十八日，准吏部咨开，同治四年九月十五日内阁奉上谕，余思敏著免补都司以游击补用并赏换花翎等因。钦此。合行恭录饬知。札到该员即便钦遵。特札。

李鸿章命都司王本长停止领米批札

同治二年八月十九日（1863年10月1日）

太子少保兵部侍郎江苏巡抚部院一等伯李为

札饬事：据善后总局禀称，案奉宪台札，饬将奇字营刘军门委弁孙千总交存提调王守收储局后米仓，按月核给米石发交都司王本长支领喂养马匹等因。奉经遵照具文申复并每月给发米十五石，以资喂养马匹。汇开清折呈请核销在案。

兹查现在局后封存老米业已发尽，其余仓存米谷亦将告罄。现据王都司仍照前数具领前来，合无。仰恳俯赐批示停止给发，并饬王都司知照等情。到本爵部院，据此合行札饬。札到该都司即便遵照停止。此札。

李鸿章擢守备王本长以都司补用批札

同治二年十二月十八日（1863年1月28日）

太子少保兵部侍郎江苏巡抚部院李为

恭录饬知事：照得本部院于同治二年十月十五日在苏州娄门外行营由驿具奏，遵旨查明收复常、昭固守解围并节次克复太仓、镇洋、昆山、新阳、吴江、震泽等州县，福山、杨舍等城及会剿江阴、无锡交界大股援贼水陆各营出力文武员弁、兵勇七案汇保一折。兹于十一月初七日准兵部火票递回原折内开，议政王军机大臣奉旨，另有旨。钦此。十一月二十七八日准吏部咨开，同治二年十月二十五日内阁奉上谕：守备王本长著以都司补用并赏换花翎等因。钦此。合行恭录饬知。札到该员即便钦遵。特札。

李鸿章致王本长以游击尽先补用札

同治三年十二月十六日（1865年1月29日）

钦加三品衔甘肃甘凉兵备道总统淮湘水陆全军李为

恭录饬知事：照得本总统于同治三年十一月二十五日奉宫保爵抚部院李札开，本爵部院于同治三年九月初三日，在苏州省城由驿驰奏，遵旨查克复苏州省城及江阴、无锡、金匮等县，枫泾、西圹、平望各镇并浙省之平湖、乍浦、海盐各城，及历次血战解围出力之水陆各营文武员弁、兵勇地方团练员董汇案保奖一折，九月十八日准兵部火票递回原折内开，议政王军机大臣奉旨，另有旨。钦此。兹于九月二十六日奉到同治三年九月十一日内阁奉上谕：本长著以游击留于两江尽先补用等因。钦此。王合行恭录饬知。札到该总统即便转饬钦遵等因。奉此。合行恭录札知。札到该员即便钦遵。特札。

李鸿章擢王本长以参将补用并赏加副将衔批札

同治四年十二月十一日（1866年1月27日）

太子少保署理两江总督部堂江苏巡抚部院一等伯李为

恭录饬知事：照得本署部堂于同治四年九月初八日由驿具奏，遵旨查明克复宜荆、溧阳、嘉〔兴〕、常〔州〕等城及调援江阴、常熟、无锡力战解围截剿杨舍、金坛窜贼水陆各营员弁及团练筹饷官绅汇案请奖一折，九月二十二日准兵部火票递回原折，内开军机大臣奉旨，另有旨。钦此。兹于十一月十八日准吏部咨开，同治四年九月十五日内阁奉上谕，王本长著以参将留于两江尽先补用并赏加副将衔等因。钦此。合行恭录饬知。札到该员即便钦遵。特札。

李鸿章奉上谕王本长以副将留省补用札

同治七年十一月十八日（1868 年 12 月 30 日）

太子少保协办大学士湖广总督部堂一等肃毅伯李为

饬知事：照得本部堂于同治七年八月初四日在山东德州行营由驿驰奏，上年任、赖捻股一律肃清。查明臣部马步各军历在皖、鄂、豫、东、苏五省转战出力员弁、兵勇及调防淮河、运河、长江水师并各处团练后路筹饷转运累著劳绩人员遵旨分案列保一折，兹于八月十二日准兵部火票递回原折内开，军机大臣奉旨，另有旨。钦此。并奉同治七年八月初九日内阁奉上谕：王本长著以副将仍留原省补用等因。钦此。合行恭录饬知。札到该员好便钦遵。特札。

李鸿章擢谢魁元以都司赏加游击衔批札

同治四年十二月十一日（1866年1月27日）

太子少保署理两江总督部堂江苏巡抚部院一等伯李为

恭录饬知事：照得本署部堂于同治四年九月初八日由驿具奏，遵旨查明克复宜荆、溧阳、嘉〔兴〕、常〔州〕等夺及调援江阴、常熟、无锡力战解围截剿杨舍、金坛窜贼水陆各营员弁及团红筹饷官绅汇案请奖一折，九月二十二日准兵部火票递回原折内开，军机大臣奉旨。另有旨。钦此。兹于十一月十八日准吏部咨开，同治四年九月十五日内阁奉上谕：谢魁元著以都司尽先补用并赏加游击衔等因。钦此。合行恭录饬知。札到该员即便钦遵。特札。

李鸿章奉上谕赏余思敏三品封典札

同治七年十一月十八日（1868 年 12 月 30 日）

太子太保协办大学士湖广总督部堂一等肃毅伯李为

饬知事：照得本部堂于同治七年八月初四日在山东德州行营，由驿驰奏，上年任、赖捻股一律肃清。查明臣部马步各军，历在皖、豫、东、苏五省转战出力员弁、兵勇及调防淮河、运河、长江水师并各处团练、后路筹饷转运累著劳绩人员，遵旨分案列保一折。兹于八月十二日准兵部火票递回原折内开，军机大臣奉旨。另有旨。钦此。并奉同治七年八月初九日内阁奉上谕：余思敏著赏三品封典等因。钦此。合行恭录饬知。札到该员即便钦遵。特札。

李鸿章擢余思敏补用副将加总兵衔批札

同治九年十月十一日（1870年11月3日）

太子太保协办大学士直隶总督部堂一等肃毅伯李为

札饬事：照得同治七年剿办张总愚〔宗禹〕捻逆全股荡平，中原一律肃清。续行查明铭字、武毅、勋、鼎、盛、庆各军与亲兵马步各营，历在豫、东、直三省转战出力文武员弁，及调防黄河、运河、长江师船暨各路水师，并后路历年筹饷制造采办转运各官绅，业经本阁爵部堂，于同治九年三月二十二日专折汇案保奖，并奏明将拟保等项，循案造册咨部在案。汇案保奖，并奏明将拟保等项，循案造册咨部在案。兹查两江尽先补用参将余思敏剿捻出力，应给两江补用副将。余思敏请以本班仍留两江尽先补用并加总兵衔，以示鼓励。除汇册咨部外，合行札饬，札到该弁（员）即便遵照。此札。

胡林翼

作者简介

胡林翼（1812—1861）　字贶生，号润之，湖南益阳人，谥文忠。清末湘军统帅之一。道光十六年（1836）进士。1847年至贵州，历任安顺等府知府，镇压各族群众反抗斗争。后随曾国藩进攻九江、湖口，兵败，率部回救武汉。不久，武昌被太平军攻占，在强行攻城屡遭挫败后，改取挖长壕、筑坚垒之策，内困守军，外击援军，终在1856年冬，乘太平天国天京事后形势恶化之机攻陷武昌，被实授为湖北巡抚。1858年冬，因布政使李续宾部在三河之战中全军覆没，东进受挫。1859年秋，与曾国藩共商定谋皖之策，从而掌握了安徽战场主动权。1861年初，太平军举行第二次西征，3月陈玉成率北路大军攻克黄州（今湖北黄冈），逼近武昌，他在军中惊忧成痰，怨恨自己是"笨人下棋，死不顾家"。不久病死武昌。辑有《读史兵略》。其奏稿、书牍收入《胡文忠公遗集》。

治兵语录选

【原文】

　　人才因求才者之智识而生，亦由用才者之分量而出。用人如用马，得千里之马而不识，识矣而不能胜其力，则且乐驽骀之便安，而斥骐骥之伟骏矣。

　　古之治兵，先求将而后选兵。今之言兵者，先招兵而并不择将，譬之振衣者，不提其领而挈其纲，是梦之也，将自毙矣。

【译文】

　　首先要有善于识别人才的人，人才才会产生。也因为有了使用人才的人，人才的潜力才会得到最好的发挥。用人与用马是一样的道理。得到千里马却不知道，知道了却又不能尽其才，这是喜欢劣马的安稳，而罢逐千里马的雄俊。

　　古人治兵，首先是寻求一个好的将帅，然后再选择士兵。如今谈兵的人，却先选择士兵，不选择将帅，这好比拂拭衣服，不提衣领，就乱了章法。这样，只会自寻死路。

【原文】

　　人心思乱，不自今日始，亦不自今日止。除日日练兵，人人讲武；则无补救之方，练一日得一日之力，练一人得一人之力。

　　时艰事急，当思尽其心力所能，不必才之果异于人，事之果期于成也，遇事每谋每断，不谋不断，亦终必亡，与其坐亡，不如谋之。

不苦撑，不咬牙，终无安枕之日。

近事非从吏治人心痛下工夫，涤肠荡胃，必难挽回。

【译文】

人心混乱并不是从今天才开始的，也不是今天就可能制止的，除了天天练兵，人人习武之外，就没有别的补救方法了。练一天兵就增加一天的力量，锻炼一个人就多一个人的力量。时局艰难，国事危急，我们应该尽自己的全部心力来挽救国家。并不是一定要有特别才能的人才行，也不必期望每件事都能办成。但遇到当办的事就要考虑周到办事果断。如果既不谋又不果断，那就什么事也办不成。所以与其坐等而面临败亡，还不如好好谋划。

如果不咬牙苦苦支撑，那就终究没有安宁无忧的日子。

如果不从吏治人心两方面痛下工夫整治，要把国家的事办好、危难的局面挽回那是根本不可能的。

【原文】

不怕死，三字言之易，行之实难，非真有胆有良心者不可，仅以客气为之，一败即挫矣。

天下事只在人力作为，到水尽山穷之时，自有路走，只要切实去办。

冒险二字，势不能免，小心之过，则近于葸。语不云乎："不入虎穴，焉得虎子？"

【译文】

"不怕死"三个字，说起来容易，要做到就很难了。只有真正有胆识、有良心的人才能够做到。仅仅是因为一时的激动，而没有真正的勇气去做，一旦遭到失败，立刻就屈服了。

天下的事情，是靠人去做的。到了山穷水尽的时候，自然有路走，只要你踏踏实实地去做。

"冒险"二字，是势所难免的。小心过分，就接近于怯懦了。古语不是说："不入虎穴，焉得虎子？"

【原文】

举人不能不破格，则须循名核实，否则人即无言，而我心先愧矣。

世事无真是非，特有假好恶，然世之徇私以枉事者，试返而自问，异日又岂能获私利之报于所徇私利之人哉？盍亦返其本矣。

天下惟左右习近不可不慎，左右习近无正人，即良友直言亦不能进。

【译文】

选择人才不能不破格，破格则必须要名副其实。不然的话，即使别人没有闲言，而自己也要感到惭愧了。

世上的事情没有真正的是非，只有虚假的好恶。然而，世上徇私舞弊的人，试扪心自问，将来那些获得私利的人，难道就能回报为他们徇私的人吗？他们的本来面目可能就暴露出来了。

天下只有自己身边的随从、亲信的人选不可不慎重。如果他们中间没有正人君子，那你就结交不到真正的良友，也听不到直言。

【原文】

有不可战之将，无不可战之兵，有可胜不可败之将，无必胜必不胜之兵。

古人行师，先审己之强弱，不问敌之强弱。

兵事决于临机，而地势审于平日，非寻常张皇幽渺可比。

【译文】

有不会打仗的将领，没有不会打仗的士兵。有可以打胜仗不可以打败仗的将领，而没有必然打胜仗必然不打胜仗的士兵。

古人行军打仗，首先要知道自己军队的强弱，而不问敌人的强弱。

军事行动主要在于随机应变，熟悉地势则靠平日，这不是寻常炫耀自己的精微深妙的本事可以做到的。

张之洞

作者简介

张之洞（1837—1909） 字孝达，号香涛，晚号抱冰，直隶南皮（今属河北）人。近代政治家、诗人。同治二年（1863年）中进士，官至体仁阁大学士、军机大臣。清末洋务派重要领袖人物之一。撰《劝学篇》提出"中学为体，西学为用"的口号，极力维护封建伦理纲常，反对戊戌变法。作品辑为《张文襄公全集》。

诗　篇

张之洞

俄国太子来游汉口飨燕晴川阁索诗索书即席奉赠

海西飞轪历重瀛，储贰祥钟比德城。
日丽晴川开绮席，花明汉水迓霓旌。
壮游雄揽三洲胜，嘉会欢联两国情。
从此敦槃传盛事，江天万里喜澄清。

希腊世子

乘兴来搴楚畹芳，海天旌旆远飞扬。
偶吟鹦鹉临春水，同泛蒲桃对夜光。
玉树两邦联肺腑，瑶华十部富缣缃。
汉南司马惭衰老，多感停车向七襄。

张之洞

赠日本长冈护美

尔雅东方号太平,同文宏愿盖环瀛。
荆州课武惭陶侃,齐国多艰感晏婴。
止有合纵纾急劫,故知通道胜要盟。
卫多君子吾何敢,愧此朋簪倦倦情。
往代儒宗判南北,方今学派别东西。
九流宗圣皆容纳,巨海稽天赖指迷。
更续考文研孟子,兼资镜古访吾妻。
楚材晋用前闻在,定有群英佐取携。
剑佩诗囊万里游,知君家世古诸侯。
羞歌敕勒矜苍莽,爱写麻源凿险幽。
对酒人怀鹦鹉赋,拂笺云带凤麟洲。
他年卧看扶桑日,犹忆江矶月满楼。

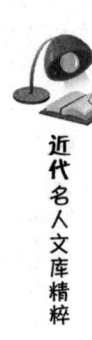

学　术

理乱寻源学术乖，父仇子劫有由来。
刘朗不叹多蔡麦，只恨荆榛满路栽。

张之洞

送沈乙盦上节赴欧美两洲

海水东回三万里,同瞻日月共星辰。
飞蓬渐觉风轮急,倚杵方忧劫界新。
南北神功矜凿窍,东西仪态消工颦。
平原宾从儒流少,今日天骄识凤麟。
君诗宗派西江传,君学包罗北徼编。
管内果然拥庐蠡,轺车更欲压英骞。
蹉跎拙政惭佳客,绚烂秋花斗别筵。
善饭挽强都不敏,何劳异国问霜颠。

读白乐天"以心感人人心归"乐府句

诚感人心心乃归,君民末世自乖离。
岂知人感天方感,泪洒香山讽谕诗。

散文

广济耆旧诗钞序

庄舄，越人也，仕于楚，爵至执圭。听其吟，则越吟也。夫一吟犹不忘故乡，况于其乡之人物文章哉？汉人《陈留耆旧传》《汝南先贤传》之属，但纪事实。自宋以来，乃有裒辑乡先生诗文者。要其网罗篇籍，章曜幽潜，不惟考文献者有所藉，抑亦盛德事也。会稽章实斋作《文史通义》，谓宜各州县专设一曹，搜访其地掌故文章，以备撰方志之用。然今日簿书繁冗，俗吏视此为不急，不如当处人士寻求而编录之之为便矣。

夏午庭徵士搜辑《广济耆旧诗》十二卷，起明嘉靖，迄于咸丰之季。人各系小传，用《中州集》例也。诸家未必皆知名，而皆斐然可观。乾隆以后稍弱，然以见一时风气，不得废也。

余深疾近今人稍识声律对偶，便自刻集，以之馈人，人亦弃置庋阁，埋没尘坌，无复览者。及问以乡贤故事，辄茫然不知所对。夏君好学，工文辞，不自刻其诗，而汲汲以乡邑文献为意，可谓贤矣。《诗》曰："维桑与梓，必恭敬止。"夏君真深于诗者哉！

光绪三年十月，南皮张之洞书

传鲁堂诗集序

罗田周翰林伯晋，当余提学湖北时，始为县学生，其时年甚少而文甚高。阅二十年，余来镇湖广，则伯晋已通籍奉使命，学业已成，名闻天下。今年得见其刊本骈体文一卷、写本诗一卷。其诗宏雅雄骏，岸然升乾、嘉诸作者之堂。其述事览古之篇，词采奇伟而事理秩然可寻。刻画山水草木之作，百态毕尽而俊气不为之遏抑。若夫才调锋发，而天性笃厚，哀乐纯至，足以感人，是则以前作者所难兼，尤其可贵者也。

近今二十年，江汉人才为盛，博学雅材，余识其大半，殆罕有能先于伯晋者矣。卷中《陶然亭见怀》诗有句云："儒家术本异申韩。"谅哉言乎！伯晋可谓知我者也。尝谓圣人之道，囊括万理，神化无方，大贤时一几及之，儒家得其绳墨而已。故《汉书·艺文志》儒止居九流之一，不能该道之名而尽有之。犹之释氏之学有佛传，有菩萨传，有祖师传，神师定非佛也。余性鲁钝，不足窥圣人之大道，学术惟与儒近。儒之为道也，平实而绌于势，恳至而后于机，用中而无独至，条理明而不省事，志远而不为身谋，博爱而不伤，守正而无权。必其并世得位，有数千百儒者与之共修一道，其道乃明；共举一事，其功乃成。否则，可以为博士，而不可使长一城。余当官为政，一以儒术施之，以故困其躬，亡其精，而攻效盖寡。其学卒如上壁之难行，余自知其短，不能改变求益，乃伯晋以一语得之，不自觉其独笑而莫逆也。

余又亟赏其《老牛叹》一篇。盖余平生于禽畜中独甚爱牛，无异支遁之于马也。牛德有五：负重致远一；天性仁厚二；驯扰不鸷戾，安静不纵逸，无防检之劳三；食宿不择，衔辔不饰四；日在草莱泥淖，群儿鞭篓之中，而夷然不厌，无所退避五。此五德大有类乎君子之行者。余爱之，伯晋悯之，何其好恶之与余同乎？

二诗适与余意会，故为标举而演说之。至其骈文沈博绝丽，而事理之清明，性情之过人，一与诗同。余读古今人文章，大率辞不没理者，必有干事之才；文不掩性者，与为友，缓急可恃。余之得为知言与否，当俟十年后验之矣！

光绪十八年五月，南皮张之洞

劝 学 篇 序

昔楚庄王之霸也，以民生在勤箴其民，以日讨军实儆其军，以祸至无日训其国人。夫楚当春秋鲁文、宣之际，土方辟，兵方强，国势方张，齐、晋、秦、宋无敢抗颜行，谁能祸楚者？何为而急迫震惧如是之皇皇耶？君子曰："不知其祸，则辱至矣。知其祸，则福至矣。"今日之世变，岂特春秋所未有，抑秦、汉以至元、明所未有也。语其祸，则共工之狂，辛有之痛，不足喻也。庙堂旰食，乾惕震厉，方将改弦以调琴瑟，异等以储将相。学堂建，特科设，海内志士发愤扼腕。于是图救时者言新学，虑害道者守旧学，莫衷于一。旧者因噎而食废，新者歧多而羊亡，旧者不知通，新者不知本。不知通则无应敌制变之术，不知本则有菲薄名教之心。夫如是，则旧者愈病新，新者愈厌旧。交相为瘉而恢诡倾危，乱名改作之流遂杂出其说以荡众心，学者摇摇中无所主，邪说暴行横流天下。敌既至，无与战；敌未至，无与安。吾恐中国之祸不在四海之外，而在九州之内矣！

窃惟古来世运之明晦，人才之盛衰，其表在政，其里在学。不佞承乏两湖，与有教士化民之责。夙夜兢兢，思有所以裨助之者。乃规时势，综本末，著论二十四篇，以告两湖之士，海内君子与我同志亦所不隐。内篇务本，以正人心。外篇务通，以开风气。内篇九。曰同心，明保国保教保种为一义。手足利则头目康，血气盛则心志刚。贤才众多，国势自昌也。曰教忠，陈述本朝德泽深厚，使薄海臣民咸怀忠良，以保国也。曰明纲，三纲为中国神圣相传之至教，礼政之原本，人禽之大防，以保教也。曰知类，闵神明之胄裔无沦胥以亡，以保种也。曰宗经，周、秦诸子瑜不掩瑕，取节则可，破道勿听，必折衷于圣也。曰正权，辨上下，定民志，斥民权之乱政也。曰循序，先入者为主，讲西学必先通中学，乃不忘其祖也。曰守约，喜新者甘，好古者苦，欲存中学，宜治要而约取也。曰去毒，洋药涤染，我民斯活，绝之使无萌枿也。

外篇十五。曰益智，昧者来攻，迷者有凶也。曰游学，明时势，长志气，扩见闻，增才智，非游历外国不为功也。曰设学。广立学堂，储为时用，为习帖括者击蒙也。曰学制。西国之强，强以学校。师有定程，弟有适从。授方任能，皆出其中。我宜择善而从也。曰广译，从西师之益有限，译西书之益无方也。曰阅报，眉睫难见，苦药难尝。知内弊而速去，知外患而豫防也。曰变法。专己袭常，不能自存也。曰变科，举所习所用事必相因也。曰农工商学，保民在养，养民在教。教农工，商利乃可兴也。曰兵学，教士卒不如教将领，教兵易练，教将难成也。曰矿学，兴地利也。曰铁路，通血气也。曰会通，知西学之精意，通于中学，以晓固蔽也。曰非弭兵，恶教逸欲而自毙也。曰非攻，教恶逞小忿而败大计也。

二十四篇之义，括之以五知。一知耻，耻不如日本，耻不如土耳其，耻不如暹罗，耻不如古巴。二知惧，惧为印度，惧为越南、缅甸、朝鲜，惧为埃及，惧为波兰。三知变，不变其习，不能变法。不变其法，不能变器。四知要。中学考古非要，致用为要。西学亦有别。西艺非要，西政为要。五知本，在海外不忘国，见异俗不忘亲，多智巧不忘圣。凡此所说，窃尝考诸《中庸》而有合焉。

鲁，弱国也。哀公问政而孔子告之曰："好学近乎知，力行近乎仁，知耻近乎勇。"终之曰："果能此道矣，虽愚必明，虽柔必强。"兹内篇所言，皆求仁之事也；外篇所言，皆求智求勇之事也。夫《中庸》之书岂特原心秒忽、校理分寸而已哉？孔子以鲁秉礼而积弱，齐、朱、吴、越皆得以兵侮之，故为此言，以破鲁国臣民之聋瞆，起鲁国诸儒之废疾，望鲁国幡然有为以复文武之盛。然则无学无力无耻则愚且柔，有学有力有耻则明且强，在鲁且然，况以七十万方里之广、四百兆人民之众者哉！

吾恐海内士大夫狃于晏安而不知祸之将及也，故举楚事；吾又恐甘于暴弃而不复求强也，故举鲁事。《易》曰："其亡其亡，系于苞桑。"惟知亡则知强矣！

光绪二十四年三月，南皮张之洞书

劝学篇（六篇）

内篇·同心第一

范文正为秀才时，即以天下为己任。程子曰："一命之士，苟存心于利物，于人心有所济。"顾亭林曰："保天下者，匹夫虽贱，与有责焉。"夫以秀才所任，任者几何？一命所济，济者几何？匹夫所责，责者几何？然而积天下之秀才，则尽士类；积天下之命官，则尽臣类；积天下之匹夫，则尽民类。若皆有持危扶颠之心，抱冰握火之志，则其国安于磐石，无能倾覆之者。是故，人人亲其亲，长其长，而天下平；人人智其智，勇其勇，而天下强。大抵全盛之世，庠以劝学，官以兴能，朝廷明于上则人才成于下；艰危之世，士厉其节，民激其气，直言以悟主，博学以济时，同心以救弊，齐力以捍患，人才奋于下则朝廷安于上。昔春秋之季，周若赘疣，孔子诛乱贼，孟子明仁义，弟子布满天下，而周祚延二百余年。七十子后学者流衍益广，至西汉而儒术大兴，圣道昭明，功在万世。东汉末造，名节经学最盛，李郭之气类，郑康成之门人，亦布满天下，一时朝野多重操行尚名义之人，故卓、操不能遽篡而蜀汉以兴。诸葛隐居躬耕而师友极盛，其人皆天下之豪杰，所讲明者天下之大计，故昭烈得之而成王业。曹魏迄隋，江北皆尚郑学，故北朝兵事纷纭而儒风不坠。隋王通讲道河、汾，门徒众盛，唐之佐命如房、杜、魏、薛，皆与交游（其书虽有夸饰，其事不能尽诬，房、杜辈非必门人也），故贞观多贤而民得苏息。唐

韩子推明道原，攘斥佛老，尊孟子，赞伯夷，文宗六经，至北宋而正学大明，学统文体皆本昌黎，由是大儒蔚起。宋代学术中正，风俗之洁清，远过汉唐，国派既厚，故虽弱而不亡。宋儒重纲常，辨义利，朱子集其成，当时虽未竟其用，其弟子私淑亦布满天下，故元有许、刘、吴、廉诸儒，元虐以减。明尚朱学，中叶以后并行王学，要皆以扶持名教、砥厉气节为事。三百年间，主昏于上、臣忠于下，明祚以延。咸丰以来，海内大乱次第削平，固由德泽深厚、庙算如神，亦有曾、胡、骆、左诸公声气应求于数千里之内，二贺（熙龄、长龄）、陶（文毅）、林（文忠）诸公提倡讲求于二十年以前，陈（庆镛）、袁（端敏）、吕（文节）、王（茂阴）诸公正言谠论于庙堂之上，有以致之。是故，学术造人才，人才维国势，此皆往代之明效，而吾先正不远之良轨也。吾闻欲救今日之世变者，其说有三：一曰保国家，一曰保圣教，一曰保华种。夫三事一贯而已矣。保国、保教、保种，合为一心，是谓同心。保种必先保教，保教必先保国。种何以存？有智则存，智者，教之谓也。教何以行？有力则行，力者，兵之谓也。故国不威则教不循，国不盛则种不尊。……波斯景教，国弱教改。希腊古教，若存若灭。天主耶稣之教行于地球十之六，兵力为之也。我圣教行于中土数千年而无改者，五帝三王明道垂法，以君兼师；汉唐及明，宗尚儒术，以教为政；我朝列圣尤尊孔、孟、程、朱，屏黜异端，纂述经义，以躬行实践者教天下故。凡有血气，咸知尊亲，盖政教相维者，古今之常经，中西之通义。我朝邦基深固，天之所佑，必有与立。假使果如西人瓜分之妄说，圣道虽高虽美，彼安用之？五经四子，弃之若土苴。儒冠儒服，无望于仕进。巧黠者充牧师，充刚巴度，充大写（西人用华人为记室名大写）；椎鲁者谨纳身税、供兵匠隶役之用而已。愈贱愈愚，愚贱之久，则贫苦死亡，奄然澌灭。圣教将如印度之婆罗门，窜伏深山，抱守残缺；华民将如南洋之黑昆仑，毕生人奴，求免笞骂而不可得矣。今日时局，惟以激发忠爱、讲求富强、尊朝廷、卫社稷为第一义。执政以启沃上心、集思广益为事，言官以直言极谏为事，疆吏以足食足兵为事，将帅以明耻教战为事，军民以亲上死长为事，士林以通达时务为事。

君臣同心，四民同力，则洙泗之传，神明之胄，其有赖乎！且夫管仲相桓公匡天下，保国也，而孔子以为民到于今受其赐。孟子守王道，待后学，保教也，而汲汲焉忧梁国之危，望齐宣之王，谋齐民之安。然则舍保国之外，安有所谓保教保种之术哉？今日颇有忧时之士，或仅以尊崇孔学为保教计，或仅以合群动众为保种计，而于国、教、种安危与共之义忽焉。《传》曰："皮之不存，毛将安傅？"《孟子》曰："能治其国家，谁敢侮之？"此之谓也。

内篇·明纲第三

"君为臣纲，父为子纲，夫为妻纲"，此《白虎通》引《礼纬》之说也。董子所谓"道之大原出于天，天不变，道亦不变"之义本之。《论语》"殷因于夏礼，周因于殷礼"注："所因谓三纲五常。"——此《集解》马融之说也，朱子《集注》引之。《礼记·大传》："亲亲也，尊尊也，长长也，男女有别，此其不可得与民变革者也。"五伦之要，百行之原，相传数千年更无异义，圣人所以为圣人，中国所以为中国，实在于此。故知君臣之纲，则民权之说不可行也；知父子之纲，则父子同罪免丧废祀之说不可行也；知夫妇之纲，则男女平权之说不可行也。尝考西国之制，上下议院各有议事之权，而国君总统亦有散议院之权。若国君总统不以议院为然，则罢散之更举议员更议。君主民主之国略同。西国君与臣民相去甚近，威仪简略，堂廉不远，好恶易通。其尊严君上不如中国，而亲爱过之。万里之外，令行威立，不悖不欺。每见旅华西人遇其国有吉凶事，贺吊忧乐，视如切身。是西国故有君臣之伦也。摩醯《十戒》，敬天之外，以孝父母为先。西人父母丧亦有服，服以黑色为缘。虽无祠庙木主，而室内案上必供奉其祖父母父母兄弟之照像。虽不墓祭，而常有省墓之举，以插花冢上为敬。是西国固有父子之伦也（家富子壮则出分，乃秦法。西人于其子，必教以一艺，年长艺成，则使之自谋生计，别居异财。临终分析

财产，男子女子皆同，兼及亲友，非不分其子也）。戒淫为十戒之一。西俗男女交际，其防检虽视中国为疏，然淫佚之人，国人贱之。议婚有限，父族母族之亲凡在七等以内者，皆不为婚（七等谓自父、祖、曾、高以上推至七代，母族亦然。故姑、舅、姨之子女，凡中表之亲，无为婚者）。惟男衣毡布，女衣丝锦，燕会宾客，女亦为主。此小异于中国（《礼记·坊记》："大飨废夫人之礼。"《左传·昭公二十七年》："公如齐，齐侯请飨之。子仲之子曰重，为齐侯夫人，曰请使重见。"是古有夫人与燕飨之礼。因有流弊，废之）。女自择配（亦须请命父母，且订约，而非苟合），男不纳妾，此大异于中国。然谓之男女无别则诬。且西人爱敬其妻，虽有过当，而于其国家政事、议院、军旅、商之公司，工之厂局，未尝以夫人预之。是西国固有夫妇之伦也。圣人为人伦之至，是以因情制礼，品节详明。西人礼制虽略，而礼意未尝尽废。诚以天秩民彝，中外大同。人君非此不能立国，人师非此不能立教。乃贵洋贼华之徒，于泰西政治、学术、风俗之善者懵然不知，知亦不学，独援其秕政敝俗，欲尽弃吾教吾政以从之，饮食服玩，闺门习尚，无一不摹仿西人。西人每讥笑之。甚至中土文学聚会之事，亦以七日礼拜之期为节目（礼拜日亦名星期，机器局所以礼拜日停工者，以局内洋匠其日必休息，不得不然）。近日微闻海滨洋界有公然创废三纲之议者，其意欲举世放恣斁乱而后快，怵心骇耳，无过于斯。中无此政，西无此教，所谓非驴非马，吾恐地球万国将众恶而共弃之也。

内篇·知类第四

种类之说，所从来远矣。《易·同人》之象曰："君子以类族辨物。"《左氏传》曰："非我族类，其心必异。神不歆非类，民不祀非族。"《礼记·三年问》曰："有知之属莫不知爱其类。"是知有教无类之说，惟我圣人如神之化能之，我中华帝王无外之治能之，未可概之他人也。西人分五大洲之民为五种：以欧罗巴洲人为白种，亚细亚洲人为黄种，西南两印度人为棕色种，阿非利加洲人为黑种，美洲土人为红种（欧洲种类又自有别：俄为斯拉物种，英、德、奥、荷为日耳曼种，法、意、日、比为罗马种，美洲才智者由英迁往，与英同为白种。同种者性情相近，又加亲厚焉）。西起昆仑，东至于海，南至于南海，北至奉天、吉林、黑龙江、内外蒙古，南及沿海之越南、暹罗、缅甸、东中北三印度，东及环海之朝鲜、海中之日本（日本地脉与朝鲜连，仅隔一海峡），其地同为亚洲，其人同为黄种，皆三皇五帝声教之所及。神明胄裔种族之所分。隋以前佛书谓之"震旦"，今西人书籍文字于中国人统谓之曰："蒙古。"（以欧洲与中国通始于元太祖故）俄国语言呼中国人曰"契丹"，是为亚洲同种之证。其地得天地中和之气，故昼夜适均，寒燠得中；其人秉性灵淑，风俗和厚，邃古以来称为最尊最大最治之国。文明之治，至周而极。文胜而敝，孔子忧之。历朝一统。外无强邻，积文成虚，积虚成弱。欧洲各国开辟也晚，郁积勃发，斗力竞巧，各自摩厉，求免灭亡，积惧成奋，积奋成强。独我中国士夫庶民懵然罔觉，五十年来，屡鉴不悛，守其傲惰，安其偷苟，情见势绌，而外侮亟矣。方今海内之士，感慨发愤，竭智尽忠，求纾国难者，固不乏人。而昏墨之人，则视国家之休戚漠然无动于其心，意为此非发捻之比。中华虽沦，富贵自在，方且乘此阽危恣为贪黩，以待合西伙，为西商，徒西地，入西籍。而莠民邪说甚至诋中国为不足有为，讥圣教为无用，分同室为畛域，引彼法为同调，日夜冀幸天下有变，以求庇于他人。若此者，仁者谓之悖乱，智者谓之大愚。印度属于英矣，印度土人为兵为弁，不得为武员，不得入学堂也。越南属于法矣，华人身税有加，西人否也；华人无票游行有禁，西人否也。古巴属于西班牙矣，土人不能入议院也。美国开辟之初，则赖华工，今富盛之后，则禁华工，而西工不禁也。近年有道员某，吞蚀公款数十万金，存于德国银行，其人死后，银行遂注销其账，惟薄给息而已。夫君子不以所恶废乡，故王猛死不伐晋，钟仪囚不忘楚。若今日不仁不智不耻为人役之人，君子知乐大心之卑宋必亡其家，韩非之覆韩

张之洞

必杀其身矣。

《左传·昭公二十五年》:"春,叔孙婼聘于宋,桐门右师见之(杜注:右师乐大心居桐门),语卑宋大夫而贱司城氏。昭子告其人曰:'右师其亡乎!君子贵其身而后能及人,是以有礼。今夫子卑其大夫而贱其宗,是贱其身也,能有礼乎?无礼必亡'。"《定公九年·传》:"逐桐门右师。"(注:终叔孙昭子之言)

《左传·哀公八年》:"吴为邾故,将伐鲁,问于叔孙辄。叔孙辄对曰:'鲁有名而无情,伐之必得志焉。退而告公山不狃。公山不狃曰:'非礼也。君子违,不适仇国,未臣而有伐之,奔命焉,死之可也,所托也则隐。且夫人之行也,不以所恶废乡,今子以小恶而欲覆宗国,不亦难乎'?"

《通鉴》卷六:"秦王下吏治韩非,非自杀。臣光曰:'臣闻君子亲其亲以及人之亲,爱其国以及人之国,是以功大名美而享有百福也。今非为秦画谋而首欲覆其宗国,以售其言,罪固不容于死矣,乌足愍哉'!"

外篇·益智第一

自强生于力,力生于智,智生于学。孔子曰:"虽愚必明,虽柔必强。"未有不明而能强者也。人力不能敌虎豹,然而能禽之者,智也;人力不能御大水堕高山,然而能阻之开之者,智也。岂西人智而华人愚哉?欧洲之为国也多,群虎相伺,各思吞噬,非势均力敌,不能自存。故教养富强之政,步天测地格物利民之技能,日出新法,互相仿效,争胜争长。且其壤地相接,自轮船铁路畅通以后,来往尤数,见闻尤广。

故百年以来，焕然大变，三十年内，进境尤速，如家处通衢，不问而多知，学有畏友，不劳而多益。中华春秋战国三国之际，人才最多，累朝混一以后，俨然独处于东方，所与邻者，类皆陬澨蛮夷、沙漠蕃部，其治术学术，无有胜于中国者，惟是循其旧法，随时修饬，守其旧学，不逾范围，已足以治安而无患。迨去古益远，旧弊日滋，而旧法旧学之精意渐失，今日五洲大通，于是相形而见绌矣。假使西国强盛开通，适当我圣祖高宗之朝，其时朝廷恢豁大度，不欺远人，远识雄略，不囿迂论，而人才众多，物力殷阜，吾知必已遣使通问，远游就学，不惟采其法，师其长，且可引为外惧，藉以儆我中国之泄沓，戢我中国之盈侈，则庶政百能，未必不驾而上之。乃通商用兵，待之道光之季，其时西国国势愈强，中国人才愈陋，虽被巨创，罕有儆悟，又有发匪之乱，益不暇及。林文忠尝译《四洲志》《万国史略》矣，然任事而不终。曾文正尝遣学生出洋矣，然造端而不寿。文忠创同文馆、遣驻使、编西学各书矣，然孤立而无助。迂谬之论，苟简之谋，充塞于朝野，不惟不信不学，且诟病焉。一儆于台湾生番，再儆于琉球，三儆于伊犁，四儆于朝鲜，五儆于越南、缅甸，六儆于日本，祸机急矣，而士大夫之茫昧如故，骄玩如故。天自牖之，人自塞之，谓之何哉！夫政刑兵食，国势邦交，士之智也；种宜土化，农具粪料，农之智也；机器之用，物化之学，工之智也；访新地，创新货，察人国之好恶，较各国之息耗，商之智也；船械营垒，测绘工程，兵之智也：此教养富强之实政也，非所谓奇技淫巧也。华人于此数者，皆主其故常，不肯殚心力以求之。若循此不改，西智益智，中愚益愚，不待有吞噬之忧，即相忍相持，通商如故，而失利损权，得粗遗精，将冥冥之中，举中国之民，已尽为西人之所役矣。役之不已，吸之朘之不已，则其究必归于吞噬而后快。是故智以救亡，学以益智，士以导农工商兵，士不智，农工商兵不得而智也，政治之学不讲，工艺之学不得而行也。大抵国之智者，势虽弱，敌不能灭其国，民之智者，国虽危，人不能残其种（印度属于英，浩罕、哈萨克属于俄，阿非利加分属于英、法、德，皆以愚而亡。美国先属于英，以智而自立。古巴属于西班牙，以不尽愚而复振）。求智之法如何？一曰去妄，

二曰去苟。固陋虚骄，妄之门也，侥幸怠惰，苟之根也，二蔽不除，甘为牛马土芥而已矣。

愚　民　辨

　　三年以来，外强中弱之形大著，海滨人士，稍稍阅《万国公报》，读沪局译书，接西国教士，渐有悟华民之智不若西人者，则归咎于中国历代帝王之愚其民，此大谬矣。《老子》曰："有道者，非以明民，将以愚之。"此李斯、韩非之学，暴秦之政也，于历代何与焉？汉求遗书、尊六经、设博士、举贤良、求茂才异等，绝国使才：非愚民也。唐设科目多至五十余，宋广立学校，并设武学，明洪武三年开科，经义以外，兼考书算骑射律（《明太祖实录》。《日知录》引)，非愚民也。自隋以词章取士，沿袭至今，此不过为荐举公私无凭，词章考校有据耳，谓立法未善则可，谓之愚民则诬。至我朝列圣，殷殷以觉世牖民为念：刊布数理精蕴，历象考成、仪象考成，教天算西学也；遣使测经纬度，绘天下地图，教地舆西学也；刊布授时通考，教农学也，纂七经义疏，刊布十三经、二十四史、九通，开四库馆修书，分藏大江南北，纵人人读，教经史百家之学也；同治军务敉平以后，内外开同文方言馆，教译也；设制造局，教械也；设船政衙门，教船也；屡遣学生出洋赴美、英、法、德，学公法矿学水师陆师炮台铁路也；总署编刊公法格致化学诸书，沪局译刊西书七十余种，教各种西学也。且同文馆三年有优保，出洋随员三年有优保，学堂学生有保奖，游历有厚资。朝廷欲破民之愚，望士之智，皇皇如恐不及，无如陋儒俗吏，动以新学为诟病，相戒不学，故译书不广，学亦不精，出洋者大半志不在学，故成材亦不多，是不学者负朝廷耳。且即以旧制三场之法言之，虽不能兼西学，固足以通中学，咎在主司偏重，士人剽窃，非尽法之弊也。果能经义策问，事事博通，其于经济大端，百家学术，必能贯彻，任以政事，必能有为，且必能通达事变，决不至于愚矣。譬如子弟不肖，榿有书而不读，家有师而不亲，过庭入塾，惟务欺饰，及至颓废贫困，乃怨怼其父母，岂不悖哉？大率近日风气，其赞羡西学者，自视中国朝政民风，无一是处，殆不足比于人数，自视其高、曾、祖、父，亦无不可鄙贱者，甚且归咎于数千年以前，历代帝王无一善政，历代将相师儒无一人才。不知二千年以上，西国有何学，西国有何政也？

外篇·广译第五

十年以来，各省学堂，尝延西人为教习矣。然有二弊：师生言语不通，恃翻译为枢纽。译者学多浅陋，或仅习其语而不能通其学，传达失真，毫厘千里，其不解者，则以意删减之，改易之。此一弊也。即使译者善矣，而洋教习所授，每日不过两三时，所教不过一两事。西人积习，往往故作迟缓，不尽其技，以久其期，故有一加减法而教一年者矣。即使师不惮劳，而一西人之学，能有几何？一西师之费，已为巨款，以故学堂虽建，迄少成才，朱子所谓无得于心而所知有限也者。此二弊也。前一弊学不能精，后一弊学不能多。至机器制造局厂，用西人为工师，华匠不通洋文，仅凭一二翻译者，其弊亦同。尝考三代即讲译学。《周书》有舌人。《周礼》有象胥诵训。扬雄录别国方言。朱酺译西南夷乐歌。于谨兼通数国言语。《隋志》有国语杂文、鲜卑号令、婆罗门书、扶南胡书、外国书。近人若邵阳魏源，于道光之季，译外国各书各新闻报，为《海国图志》，是为中国知西政之始。南海冯浚光，于同治之季官上海道时，创设方言馆，译西书数十种，是为中国知西学之始。迹其先几远蹠，洵皆所谓豪杰之士也。若能明习中学，而兼通西文，则有洋教习者，师生对语，不惟无误，且易启发，无洋教习者，以书为师，随性所近，博学无方。况中外照会，条约合同，华洋文义，不尽符合，动为所欺，贻害无底。吾见西人善华语华文者甚多，而华人通西语西文者甚少，是以虽面谈久处而不能得其情，其于交涉之际，失机误事者多矣。大率商贾市井，英文之用多；公牍

条约，法文之用多；至各种西学书之要者，日本皆已译之，我取径于东洋，力省效速，则东文之用多。惟是翻译之学有深浅：其仅能市井应酬语，略识账目字者，不入等；能解浅显公牍书信，能识名物者，为下等；能译专门学问之书（如所习天文矿学，则只能译天文矿学书），非所习者不能译也，为中等；能译各门学问之书，及重要公牍律法深意者，为上等。下等三年，中等五年，上等十年。我既不能待十年以后译才众多而后用之，且译学虽深，而其志趣才识固未可知，又未列于士宦，是仍无与于救时之急务也。是惟多译西国有用之书，以教不习西文之人，凡在位之达官，腹省之寒士，深于中学之耆儒，略通华文之工商，无论老壮，皆得取而读之，采而行之矣。译书之法有三：一、各省多设译书局；一、出使大臣访其国之要书而选择之；一、上海有力书贾、好事文人，广译西书出售，销流必广，主人得其名，天下得其用矣（此可为贫士治生之计，而隐有开物成务之功。其利益与石印场屋书等，其功德比刻善书则过之，惟字须略大，若石印书之密行细字，则年老事繁之人不能多读，即不能多销也。今日急欲开发新知者，首在居官任事之人，大率皆在中年以上，且事烦暇少，岂能挑灯细读？译洋报者亦然）。王仲任之言曰："知古不知今，谓之陆沈；知今不知古，谓之聋瞽。"吾请易之曰："知外不知中，谓之失心；知中不知外，谓之聋瞽。"夫不通西语，不识西文，不译西书，人胜我而不信，人谋我而不闻，人规我而不纳，人吞我而不知，人残我而不见，非聋瞽而何哉？学西文者，效迟而用博，为少年未仕者计也。译西书者，功近而效速，为中年已仕者计也。若学东洋文，译东洋书，则速而又速者也。是故从洋师不如通洋文，译西文不如译东书。

外篇·非攻教第十五

异教相攻，自周秦之间已然。儒墨相攻，老儒相攻。庄，道也，而与他道家相攻。荀，儒也，而与他儒家相攻。唐则儒释相攻。后魏北宋则老释相攻。儒之攻他教者，辨黑白；他教之相攻者，争胜衰（欧洲因争新教旧教，连兵相杀数十年，乃教士各争权势，借以为乱，非争是非也）。至今日而是非大明，我孔孟相传大中至正之圣教，炳然如日月之中天，天理之纯，人伦之至，即远方殊俗，亦无有讥议之者。然则此时为圣人之徒者，恐圣道之凌夷，思欲扶翼而张大之，要在修政，不在争教，此古今时势之不同者也。中外大通以来，西教堂布满中国，传教既为条约所准行，而焚毁教堂，又为明旨所申禁。比因山东盗杀教士一案，德国借口遂踞胶州，各国乘机要求，而中国事变日亟。有志之士，但当砥厉学问，激发忠义，明我中国尊亲之大义，讲我中国富强之要求。国势日强，儒效日章，则彼教不过如佛寺道观，听其自然可也，何能为害？如仍颓废自甘，于孔孟之学术政术不能实践力行，学识不足以济世用，才略不足以张国威，而徒诟厉以求胜，则何益矣？岂惟无益，学士倡之，愚民和之，莠民乘之，会匪游兵借端攘夺，无故肇衅，上贻君父之忧，下召凭陵之祸，岂志士仁人所忍为者哉？不特此也，海上见闻渐狎，中西之町畦渐化，若游历内地，愚夫小儿，见西国衣冠者，则呼噪以随之，掷石驱击以逐之，一哄而起，莫知其端，并不问其为教士非教士、欧洲人美洲人也。夫无故而诟击，则无礼；西人非一，或税关所用，或官局所募，或游历，或传教，茫然不辨，一概愤疾，则不明；诏旨不奉，则不法；以数百人击一二人，则不武；怯于公战，勇于私斗，则不知耻。于是外国动谓中国无教化，如此狂夫，亦何以自解哉？至于俗传教堂每有荒诞残忍之事，谓取人目睛以合药物，以造镪水，以点铅而成银，此皆讹谬相沿，决不可信（光绪十七年，宜昌教案，先哄传搜获教堂所蓄幼孩七十人，皆无目者。百口一辞。及委员往，会同府县一一验视，则皆无影响，止一人瞽其一目，眼眶内瘪，其睛尚在。其人及其父母，均言因出痘所伤，群疑始释。又如光绪二十二年江阴教堂之案，乃系劣生向教堂索诈，埋死孩以图栽诬，城乡周知，其人当即服罪讯结。此皆近事之可凭者）。试思西教创立千余年，流行地球数十国，其新教旧教，争权攻击，则多有之矣，从无以残忍之事为口实者。若有此事，则西国之人早已尽为教堂残毁，无完肤无遗种

矣。若谓不戕西人，惟残华民，则未通中华以前，此千余年中之药物、镪水、银条，安所取之？且方今外洋各国所需之药物、镪水，所采之银条，一日之内即已无算，中国各省虽有教堂，又安得日毙数千万之教民，日抉数千万之眸子，以供其取求耶？语云："流丸止于瓯臾，流言止于智者。"荐绅先生，缝掖儒者，皆有启导愚蒙之责，慎勿以不智为海外之人所窃笑也！

奏 折

张之洞

请催设香港领事折

光绪八年（1882）六月，清政府曾照会英国政府提出在香港设立领事，但四年以来英方迟迟未予答复。于是，作者于光绪十二年（1886）二月二十五日进呈此折，请求催设香港领事。折中陈述了设立领事具有通商、保民、逸犯、巡缉、防海等方面的好处，势在必设，不可再延缓。反映作者的外交眼力。

窃惟香港一岛密迩粤省，近年商务日盛，华民寄居益多，交涉案件无时无之，而该处并未设有中国领事馆，办理每形不便。光绪八年八月间，准出使英国大臣曾纪泽咨是年六月照会该国外部请在香港设立领事。随又准咨，转据英国藩部查明现任香港总督差期已满，明年年初新任总督即可履任。详细思议缓定各等因，先后咨会粤省查照在案。迄今已阅四年，我未催办，彼即搁置不提。缘港设领事，我有利益彼多牵制，欲允从则不愿，欲阻拒则无辞。臣到粤之初，即拟举办此事，因海防倥偬，未遑兼及。近日体察众情，该处商民十余万无不延颈举踵永戴皇朝，冀睹汉官之威仪，长蒙尧天之覆帱。是目前事势，领事之设实为不可再缓，其利害约有数端：一曰通商。查香港自归英属，海外诸国之讲好于英者，莫不各驻领事于彼，以治其国之务。中国最为切近，转无驻扎之官。此外，如英属之新嘉坡，以及美之旧金山、西班牙之古巴、日本之长崎等处，亦俱有中国领事。此等外埠，征途不若香港之近、华民不若香港之众、贸易不若香

港之多、关系不若香港之要,彼既设官,此何独阙?是为通商计,不可缓也。一曰保民。香港距省仅三百余里,物力既饶,流寓所萃,俯从洋例,控诉无由。得领事以莅之,遇有港官治理不公之处闻于粤省,小事则商之港督,大事则达于总署。不独有碍华人商务之事能向港官申理也,政化所覃,风声即树,重溟虽远,必有恍然,于为圣人氓之可乐者。且在港华民生理,事事取资洋人,似有近墨染泥之虑。然,自前年海防有事以来,在港商贾、工徒、船户、佣作,无分贫富、贤愚,咸怀敌忾,发于本心,或坚拒法役,或密输敌情,或力助军火,或愤发公论。此固由圣朝德泽沦浃之深,而众志之悃诚亦实不易。至于历年捐饷、捐赈,每有内地义举,闻风思奋,更不胜书。该商民等既有父母孔迩之心,朝廷自断无置之度外之理,若不为设官拊循,则似与东南洋各埠华民视之有别。是为保民计,又不可缓也。一曰逸犯。内地罪人以港为薮,最为粤省吏治地方大患。照约,本有逃人查明交出之文,乃港官每事龃龉,或交或否。如杨永康等致死本族尊长一家三命案内,在港获犯十一名,始终不肯解省讯办。案情略轻者,无论矣。又香港情形他省容未尽悉,如去年福建艺新轮船不先行文知照,径往港地缉拏匿盗张阿知等,几至枝节丛生。若设领事,则觉察有权,机要易协,何致吞舟巨憝乐得驱渊?是为逸犯计,又不可缓也。一曰巡缉。香港水界之内不予人以缉捕之权。近因私枭盗匪出没,洋面渐致纵横,以及一切药货硝磺走漏厘税。经臣行文广州英领事,约会港官协力查缉,港官虽允照办,终恐藉词枝梧。且洋药税釐并征一事,现既议有端绪,他日终须开办,洋药私贩甚多,稽察耳目不妨广置。若设领事,就近会商港官,兼理巡私缉匪事务,庶无转折扞格之虞。是为巡缉计,又不可缓也。一曰防海。省港既相邻接,安危彼此共之。港之煤、硝、米、面十日不来,则省城困;省之牛、猪、薪、蔬一日不往,则港民哗。港乱,则省之商路难通;省扰,则港之匪徒四起。当法事方殷之时,省固旦夕防戍,港亦筹备仓皇,海警寻常,何时蔑有?香港有事,我固生肘腋之忧;我若有事,香港亦无高枕之理矣!设领事,则声息更孚,联络尤壮固,粤之利亦港之福。是为海防计,又不可缓也。夫香港片壤,本是中朝宽仁假与栖息,俾资懋迁。若不设领事,则是诸洋百货入华之利益英国得而专之,华商华民之在彼者,中国转不得过而问之。英收其利,我承其弊;英资其益,我受其损。诸邦皆有地主,独无揆诸和好公平之理,种种难通。臣愚以为,此事既经曾纪泽商之英国外部,并无却拒之词,只作缓延之计,如果力持促办,彼亦何说之辞?如议成开办,该领事除照章属于出使英国大臣外,应就近兼归粤省统属,由粤省督臣与驻英使臣商明会委,以便随时斟酌。至于领事经费一节,拟即由粤省奏明筹拨。相应请旨敕下总理衙门照会驻京英使,一面电咨出使英国大臣催令该国外部、藩部速将香港设立中国领事一节照约定议,刻期开办,以笃邦交。实与粤省商务、盗案、厘税、海防各项交涉事件大有裨益。

旨:该衙门知道,钦此。

试铸银元片

随着近代通商口岸的开放，外国银元大量流入我国广东等省，国家利权遭受损害。于是，作者于光绪十三年（1887）正月二十四日附奏此片，陈述我国自铸银元的利益、办法，并建议由广东开始试铸，而后由户部权宜变通推广施行。作者认为这是收回利权和自强的一种好方法。

再广东华洋交错，通省皆用外洋银钱，波及广西至于闽、台、浙、江、皖、鄂、烟台、天津所有通商口岸，以及湖南长沙、湘潭、四川打箭炉、前后藏无不通行，以致利归外洋，漏卮无底。窃惟铸币便民，乃国家自有之权利，铜钱、银钱理无二致，皆应我行我法方为得体。且粤省所用洋银皆系旧洋烂板、破碎霉黑，尤为隐受其亏。粤省此次订购铸钱机器内，兼有铸银元机器，拟即选募西人善铸银元者来华试造。若附在钱局内铸造，计此岁铸银元三千万枚之机器，其机器价值、厂屋、工料、火耗，一年所费不过四、五万金，专设一厂亦不过十余万金。外洋银元每元重漕平七钱三分，今拟每元加重一分五厘有奇定为库平。七钱三分银元上，一面铸"光绪元宝"四字，清文、汉文合璧；一面铸蟠龙文，周围铸"广东省造库平七钱三分"十字，兼用汉文、洋文，以便与外洋交易。铸成之后，支放各种饷需、官项，与征收厘捐、盐课、杂税及粤省洋关税项向收洋银者均与洋银一同行用，不拘成数银色，务与外国上等洋银相等。银质较重而作价补水均与相同，商民趋利自易风行，日久通行民间自行加价，亦听其便。闻外洋银元颇有赢余，虽每元加重一分五厘，断无亏折，如蒙允行，恳请颁发明旨。粤铸银元除京饷外，各省协饷解款完纳，华洋厘税、民间交易准其一体行用。开铸时，即当将银样恭呈御览。试造之初，先铸一百万元，察其能否流通，陆续添铸多至五百万元而止，如不能畅行，随时停铸殊不为难。即略有亏耗，亦甚微渺，可以预决，当由粤省筹补，不动库款。一年以后，粤省果能畅行，当将工费细目、赢余实数详晰奏咨。届时拟请敕下户部体察酌剂，由部购置机器一副在天津设局铸造，颁发通商口岸一体通行。粤省银元仍恳准其铸造，由户部酌定限制岁铸若干，如有息款，即以弥补铸钱亏耗。计户部机器一副日铸十万元，岁可铸三千余万元，即以每岁铸千万元计之，数年之后，充牣海邦，流通域外，虽不藉以裕国用，亦足以保利权。粤省试其端，而户部权其利，揆时度势，似尚无所窒碍。总之，矿务、钱法、银元三事相为表里、交互补益如环无端。矿产盛而后铸铜、铸银有取资；鼓铸多而后西南各省铜、铅有销路。以铸银之息补铸铜之耗，而后钱法可以专用，内地铜、铅而无虞亏折，迨至开采日多铜价日贱。官铸无亏、商趋其利、民便其用、边军资其饷，实西南徼外之边备，塞东南沿海、沿江九省之漏卮，未必非自强之一端也。所有粤省拟请试铸银元以备户部推广各缘由，相应附片具奏，请旨敕下户部速议，核覆施行。

张之洞

创建广雅书院折

此折于光绪十三年（1887）六月十六日奏呈。作者在折中申明了书院是建立良好风俗、为国储蓄人才的地方。并对创建广雅书院的地址、经费、师资、生源、制度、管理等问题作了统筹安排，反映出作者对文教事业的关心和支持。

窃惟善俗之道，以士为先；致用之方，以学为本。广东、广西两省地势雄博，人才众多，文学如林，科名素盛，惟是地兼山海。东省则商贾走集，华洋错居；西省则山乡硗瘠，瘴地荒远，习尚强悍，民俗不齐，见闻事变，日新月异。欲端民俗，盖必自厚士始，士风既美，人才因之。查两广总督旧治肇庆，设有端溪书院，为总督课士之所，两省人士皆得肄业其中。自总督移治广州，书院不能亲临，考校整饬虽岁时封题课试，规矩纵弛，士气不扬。且原有斋舍止四十间，大半敝漏，不足以容来学。每逢应课，大率借名虚卷，草率塞责。臣到粤以来，兵事倥偬，又值水旱为灾，未遑及此。比年海宇清宴，民生粗安，一切筹办诸事宜规模略具，两省人士屡以整顿书院为请，当经委员会同肇庆道、府勘议兴修。特以限于地势，该书院东邻府学宫，西邻肇庆协署，后城前市无从展拓。且以肇庆山水峭急，游学者少，除肇庆一属外，他处诸生罕有至者，官绅士林佥谓宜别经画，设于都会于事为便。查省城粤秀、越华、应元三书院专课时文，斋舍或少或无，肄业者不能住院，故有月试而无课程。前督臣阮元所建之学海堂、近年盐运使钟谦钧所建之菊坡精舍，用意精美而经费无多，膏火过少，又以建在山阜，限于地势，故有课而无斋舍。窃思书院一举，必宜萃处久居，而后有师长检束、朋友观摩之益，至于稽核冒名代倩，犹在其次。且以上各书院多为东省而设，西省不得与焉，东省外府亦罕有应课者。臣以文学侍从之臣，过蒙圣恩，滥忝兼圻之寄，才识迂绌，无所建明。至善俗，储才之端，职所当为不敢不勉。因于广东省城西北五里源头乡地方择地一区，其地山川秀杰，风土清旷，建造书院一所，名曰广雅书院。考江西白鹿洞书院、湖南岳麓书院，皆远在山泽，不近城市，盖亦取避远嚣杂收摄身心之意。广州省会，地狭人嚣，尤以城外为宜。计斋舍一百间，分为东省十斋，西省十斋，讲堂、书库一切具备。延聘品行谨严、学术雅正之儒，以为主讲，常年住院，定议立案，不拘籍隶本省、外省，总以士论佥服为主，不得徇情滥荐。调集两省诸生才志出众者，每省百名肄业其中，讲求经义、史事、身心、经济之学，广置书籍以备诵习。宋儒周子曾官岭南，著有德惠，并无祠宇，于义阙。如今建祠院中，并祀古今宦寓名贤、本省先正、有功两粤文教者，以示诸生宗仰。肄业生额数：东省广州府三十名，肇庆、高州、惠州三府各十名，韶州、潮州两府各六名，琼州府、嘉应直隶州各五名，廉州、雷州两府名四名，南雄直隶州三名，连州、罗定两直隶州各二名，阳江直隶厅一名，驻防一名，连山、赤溪、佛冈三直隶厅共一名。西省桂林府三十名，梧州、浔州两府、郁林直隶州各十名，平乐、南宁两府各八名，柳州府七名，思恩、庆远两府各五名，太平府三名，泗城府二名，镇安府一名，百色直隶厅、归顺直隶州共一名。远郡下邑，师友尤难，各属遍及，以示公溥。丰其膏火，每月两课，校其等差，优给奖赏。道远各府州，分别远近，加给来往盘费，总令其负笈住院，静心读书，可以自给，免致内顾为忧，纷心外务。院内课程，经学以能通大义为主，不取琐屑；史学以贯通古今为主，不取空论；性理之学以践履笃实为主，不取矫伪；经济之学以知今切用为主，不取泛滥；词章之学以翔实尔雅为主，不取浮靡；士习以廉谨厚重为主，不取嚣张，其大旨总以博约兼资、文行并美为要归。不住院者不领膏火，以便考其行检，无顾不得给假，以期专一有成。严立规条，责成监院考察约束，违者即行屏黜，欲其不分门户，不染积习，上者效用国家，次者仪型乡

里,以仰副圣天子作育人才之至意。书院常年经费所需甚巨,臣以历年积存廉俸、公费等项捐置其中,并顺德县沙田充公之款、南海绅士候选道孔广镛等捐款,发商生息,岁共得息银七千一百五十两,查黄江税厂羡余历年即以提充端溪书院经费,自改章后,征收较旺。上年,臣奏定三六平余一项,除支销外,尚有赢余,即于此款内每年拨银五千两。又于红盐变价充公项下每年银五千两。拨款、息款共岁得银一万七千一百五十两,以充书院师生膏火、监院薪水、人役工食、一切祭祀、岁修杂费。至建造地价、工料,经顺德青云文社、省城惠济仓各绅、爱育堂各董事、诚信堂、敬忠堂各商,闻风鼓舞,情愿捐资修造,现已于闰四月二十日集款购料兴工,约计十月可成。当经札委两广盐运司会同东布政司督饬委员妥为办理,并饬监院、教官妥议一切详细章程,禀定立案。现经臣发题各属诸生试以文字,数首出色者,即行调取。并咨商两省学臣,如有才志可造之士,亦即咨送。窃惟《易·象》有云:"君子以居贤德善俗。"言贤者会集则俗自化也。《论语》有云:"君子学以致其道。"言同学讲习则道易成也。惟望从此疆臣、学臣加意修明,维持不废,庶于边海风气、人才不无裨益。其旧有端溪书院,臣已檄饬道、府酌提书院本款,就原有规模修葺完整,并酌加诸生膏火,厘整章程,以存旧观。学海堂年久失修,亦经饬司量为葺治,于原设专课生十名之外,增设十名,会课改为每月一次,责成学长申明旧日章程,以期无废前规。

硃批该部知道,钦此。

张之洞

请办邮政片

　　随着近代通商口岸的开放,列强先后在上海等口岸设立他们的邮局,国家的主权、利权遭受侵犯。光绪二十一年(1895)闰五月二十七日作者附奏此片,请求我国自行开办邮政事业,作者认为这是理财裕国、便商便民的措施,且可平等地与各国进行通讯联络。

　　再泰西各国视邮政一端重同铁路,特设邮政大臣比于各部尚书以综厥事。递送官民往来文函,取资甚微获利甚钜,日盛一日。即以英国而论,一岁所收之资当中国银三四千万两,各国通行莫不视为巨帑,且权操于上有所统一,利商利民而即以利国。中外通商以来,英、法、美、德、日本五国先后在上海设立彼国邮局,其余各口岸亦于领事署内兼设邮局,侵我大权,攘我大利,实有背于万国通例。光绪十一年间,前升任浙江宁绍台道薛福成,据委员李圭条陈,译有章程,禀请中国自行设局以挽利权,并经税务司葛显礼前往香港、日本,向彼中商议收回上海所设英、日两国邮局。已有端倪,事属可行。原任南洋大臣曾国荃,曾据咨总理衙门饬令总税务司赫德议复办法。赫德亦谓此举裕国便民,并系办得到之事,陈有要端七层,均甚详晰。并称须有奏准饬办之明文,使各国知系中国国家所设之邮政,即可商令各国将在中国所设立之邮局撤回,并可商入万国信会之举各等语。查各关试办邮递有年,未见大有起色,推行亦未及远,外国在各口所设信局并未裁撤,良由税关所设之邮递与国家所设之邮政体制不同。外人有所藉口而不撤局,故推广办法每多窒碍。现经臣饬调葛显礼来江宁与之面加筹议,该税务司力申前请。查此事该总税务司考究有年,情

况熟悉，且各关税务司熟谙邮政办法，如葛显礼者，当不乏人。相应请旨饬下总理衙门转饬赫德妥议章程，大举开办，推行沿江、沿海各省，兼及内地水陆各路，务令各国将所设信局全行撤去，并与各国入会，彼此传递文函，互相联络。如果中国邮政认真举行，各国在华所设信局必肯裁撤。此本各国通行之办法，实属有利无弊之胜算，诚理财之大端，便民之要政也。

上谕：张之洞奏南洋创办新军，责成洋将操练，并金陵、上海兴办铁路各折，照所请行，惟洋将是否上等之材？薪水尚宜斟酌。张之洞既经创办，条理秩然，即交刘坤一赓续成之，以为补牢之计。至邮政一节，业经总署筹议粗有头绪矣。钦此。

张之洞

进呈一统志并天文舆地各球图折

此折于光绪二十七年（1901）五月十九日奏上。作者应内廷需求，访购《大清一统志》一部呈进，同时还附呈全国地图、世界地图，以及天体图、地球仪等数件。反映了西方近代天文地理学对我国的影响，以及作者的"西学为用"思想。

窃惟《周礼》开卷大义曰："辨方正位，体国经野。"是知古圣人经世大端必自观天文、察地理始。臣前于光绪二十七年二月十三日准前护陕西抚臣端方来电，以内廷需用《大清一统志》，秦垣遍觅不得，属臣访购呈进等因，仰见我皇上眷怀寰宇，孜孜求治之至意。臣谨考是书于乾隆八年辑成者，计三百五十六卷；乾隆二十九年以后续行编辑者，增为五百卷。本拟访求殿本原书，因鄂省遍访未得，并向苏、杭、湖南等省于书肆及藏书家广为搜求，均无其书，仅在扬州购到排印大字本三百五十六卷者一部，纸版尚属完整。其五百卷者，各处藏书家无论殿本、重刻本皆无，其书祇有上海石印缩本，字迹较小，检阅颇费目力，未敢率行进呈。兹特将三百五十六卷之大字本一部装潢成帙，上呈御览。窃思有书不可无图，而舆图以后出者为胜。近年广东邹伯奇所刊《皇朝舆地全图》，系按照西法测准，经纬度以弧线分度其地面，所当天度之部位较为密合。当饬鄂省两湖书院各学生敬谨摹绘两分，一成直幅八帧以便悬挂，一装册叶三本以便披寻。因天文度数与地球内外上下正相印合，于考览地图甚有关涉，并饬两湖书院学生另绘赤道南北恒星图，直幅两帧，横幅一帧，藉可考见南北两极、赤黄两道及躔次之所在。又附进上海制造局所刊地球全图两幅，足

181

以觇环球之疆域；上海铜版刊印之亚西亚东部舆地图一幅，足以验近州之形势。又因图系半面，欲测天地全形，尚费体会推求，因并附进制成天球、地球各一具，俾大圜运转，五州列国，可以一览而知。谨一并装潢，派委员弁赍赴行在，敬谨呈进。倘蒙万几之余时加垂览，则环球大势、中华全局均可历历在目，以之上佐，绥安抚驭之方略或亦可稍有裨益。

旨：所进画、图等件均留览。钦此。